패턴

40문장으로 끝내는

초간단

중국어

플러스 ×

단 한 권으로
말하기 * 듣기를 끝낸다!

동인랑

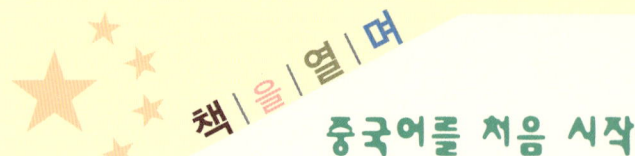

중국어를 처음 시작하는 분들에게

언어를 배우는 일에 왕도는 따로 없다. 가장 중요한 것은 그 언어에 대해 얼마 만큼의 흥미를 갖고 꾸준히 도전하느냐에 달려있다.

어떤 일을 시작함에 있어 흥미를 갖고 꾸준히 노력하는 사람과 마지 못해 하는 사람은 그 결과가 확연히 달라진다.

중국어를 시작하면서 모르던 발음을 알고 복잡하고 어렵게만 느껴졌던 한자가 보이기 시작하고 또한 그 넓은 중국 땅의 문화를 조금식 알게 되는 것에 흥미를 가져보자! 중국어가 한층 쉬워지고 재미있어진다.

"이 책으로 끝까지 흥미를 잃지 말고 중국어를 배우자!"

이 책은…

1 말문을 터주는 가장 많이 사용하는 기본패턴

중국어의 기본 문장 순서를 한 눈에 알아볼 수 있도록 일러스트로 쉽게 구성하였으며, 응용해서 되풀이 연습할 수 있도록 했다. 자연스럽게 중국어의 어순에 익숙해질 수 있다.

2 처음부터 확실하게! 큰소리로 따라하는 성조와 발음

성조와 발음은 중국어 회화의 기본이다. 처음부터 실제 중국인이 여러번 반복녹음한 Tape를 큰소리로 따라하다 보면 자연스럽게 발음에 익숙해진다.

3 왕초보를 위한 간단하고 쉬운 기초회화

지금 베이징에서 사용하는 쉽고 간단한 기본표현들로만 회화문을 구성하여 왕초보자들이 부담없이 듣고 따라할 수 있다.

4 말하기·듣기·읽기·쓰기를 동시에! 회화연습과 간체자쓰기

앞에서 배운 것을 반복할 수 있도록 각 과가 끝날 때마다 연습문제와 간체자쓰기를 두어 말하기·듣기·읽기·쓰기의 4단계 언어 학습이 총체적으로 이루어진다.

기존의 초보자용 교재에 표기된 한글 발음은 초보자가 학습하기에 편할 지는 모르나 정확하지 않아 그 발음을 따라하다 보면 자칫 잘못된 발음을 하게 된다. 그래서 본 교재의 본문에서는 그러한 오류를 막고자 **한글 발음을 달지 않았다.** 처음부터 **실제 중국인이 녹음한 Tape**를 잘 따라하면서 **정확한 발음**을 익히도록 하자!

이 | 책 | 은 | 이 | 렇 | 게 | 활 | 용 | 하 | 자

성조를 통해 중국어의 기본이 되는
4성을 익히고

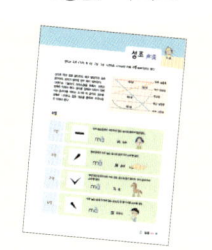

성모와운모를 중국인이 녹음한 Tape를 듣고 큰소리로
따라하면서 발음의 기초를 다진다.

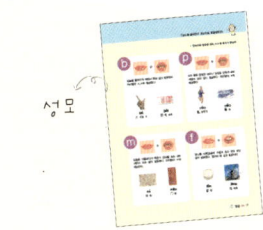

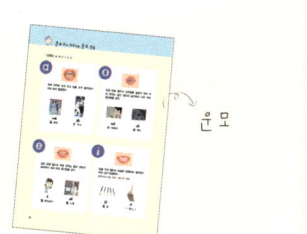

미리미리 알고가는 기본패턴을

통해 기본 문형을
되풀이 연습해 보면서
말문을 튼 후,

왕초보를 위한 기초회화에 나오는 간단하고 쉬운
실제 대화문과 밑거름이 되는 새 단어를 익힌다.

한번만 읽어도 머리에 쏙쏙~어법포인트
에서는 꼭 필요한 기초 문법을 알아두고

일러스트로 알아보는
표현에서는 알아두면
도움이 되는 표현들을
재미있는 그림과 함께
배워본다.

다시 또 다시 될 때까지 회화연습을 통해 말하기·듣기·
읽기를 동시에 반복하고 간체자 쓰기를 따라 써보면서
필수한자를 익힌다.

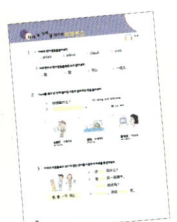

끝으로, 중국이야기를 통해
중국에 대한 기초 상식과 문화를
이해한다.

이│책│의│순│서

책을 열며 ...2   이 책은 이렇게 활용하자 ...3

발음 오늘의 중국어 ...8
중국어의 특성 ...9
성조 ...11
성모 ...16
운모 일반운모 ...23   결합운모 ...29
성조연습 ...34

1 인사 你好! 안녕하세요! ...39

주어 + 형용사 │ 일러스트로 알아보는 표현 _ 감사 · 사과 │
중국이야기 _ 인사말

2 이름 我叫小英。저는 시야오잉이라고 합니다. ...51

주어 + 동사 │ 일러스트로 알아보는 표현 _ 주요 동사 │
중국이야기 _ 성씨 姓氏

3 사물 这是什么? 이것은 무엇입니까? ...63

是가 들어가는 문장 │ 일러스트로 알아보는 표현 _ 사물 │
중국이야기 _ 음식

4 나라 你是哪国人? 당신은 어느 나라 사람입니까? ...75

의문문 │ 일러스트로 알아보는 표현 _ 나라 │
중국이야기 _ 지도

5 가족 我家有四口人。 우리 가족은 네 식구입니다. ...87

有가 들어가는 문장 | 일러스트로 알아보는 표현 _ 가족 |
중국이야기 _ 숫자읽기

6 가격 一共多少钱? 모두 얼마입니까? ...99

여러가지 양사 | 일러스트로 알아보는 표현 _ 기타 양사 |
중국이야기 _ 화폐

7 날짜 今天几月几号? 오늘은 몇 월 며칠입니까? ...111

주어+명사 | 일러스트로 알아보는 표현 _ 년·월·일 |
중국이야기 _ 국경일

8 시간 现在几点? 지금은 몇 시입니까? ...123

시간의 표현 | 일러스트로 알아보는 표현 _ 시간 |
중국이야기 _ 시간읽기

9 교통 百货大楼在哪儿? 백화점은 어디에 있습니까? ...135

전치사가 들어가는 문장 | 일러스트로 알아보는 표현 _ 방향·위치 |
중국이야기 _ 교통

10 쇼핑 我想买一条裤子。 바지를 한 벌 사고 싶습니다. ...147

조동사가 들어가는 문장 | 일러스트로 알아보는 표현 _ 주요 형용사 |
중국이야기 _ 쇼핑장소

여러분의 외국어 학습에는
(주)동인랑이 성실한 동반자가 되어줄 것입니다.

발음

오늘의 중국어

중국어의 특성

성조

성모·운모

성조연습

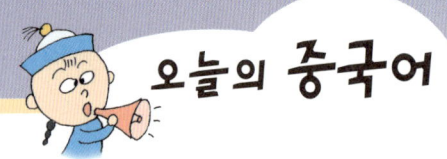

오늘의 중국어

◆ **보통화**

중국에서 90%이상을 차지하는 한족의 언어를 **한어 汉语** 라고 부르는데 **중국의 표준어를** 뜻한다. 그런데 그 한어에도 사는 지역에 따라 사투리가 달라 서로 간에 의사소통이 불가능하므로 **하나의 표준이 되는 공통어**가 필요하게 되었다.

그래서 수도인 베이징어에 기초한 표준어를 제정하게 되었는데 그것을 **보통화 普通话**라고 한다.

간체자

한어병음

国 guó

주음부호

번체자

國 《ㄨㄛˊ

◆ **간체자**

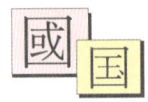

중국에서 사용하는 한자는 **누구나 쉽게 따라 쓸 수 있도록** 간략하게 만든 **간체자 简体字**이다. 쉽게 말하면 중국식 약자이다. 현재 우리가 사용하는 정자체 한자는 **번체자**로 대만과 홍콩 등에서 사용되고 있다.

◆ **한어병음**

한자는 표의 문자 뜻글자이다. 즉 글자가 의미만을 나타내기 때문에 어떻게 읽어야 하는지 알 수가 없다. 따라서 **알파벳을 이용하여 발음기호**를 표시하였는데 이것을 **한어병음 汉语拼音**, 줄여서 병음이라고 한다. 중국에서 1958년부터 사용하고 있으며 대만에서는 주음부호 예) ㄆ, ㄏ, ㄔ, ㄣ... 를 사용하고 있다.

◆ 성조가 있다

성조 声调 란 한자 그대로 소리의 높낮이를 일정하게 낸다는 뜻으로 중국어의 특징 가운데 가장 중요하다고 할 수 있다.

중국어는 세계 언어 중 유일하게 성조라는 것을 가지고 있다.

각 글자마다 기본적으로 1성, 2성, 3성, 4성의 네가지 성조가 있으며 이것을 4성 四声 이라고 한다. 발음이 같더라도 성조에 따라 그 뜻이 달라진다.

你 好
Nǐ hǎo

◆ 한자 하나마다 독립된 뜻을 가지고 있다

중국어는 한자로 이루어져 있다. 한자는 글자 하나가 하나의 음절을 이루며 독립된 뜻을 지니고 있다.

我 나
wǒ

书 책
shū

그러나 현대 중국어는 한자가 두 개 이상이 모여 하나의 뜻을 이루는 다음절화되는 추세에 있다.

电 + 脑 → 电脑 diànnǎo
컴퓨터

◆ 어법상의 특징

1 격에 따른 변화가 없다

우리말은 격에 따라 단어 뒤에 은·는·이·가 주격, 을·를 목적격 등의 조사가 붙고

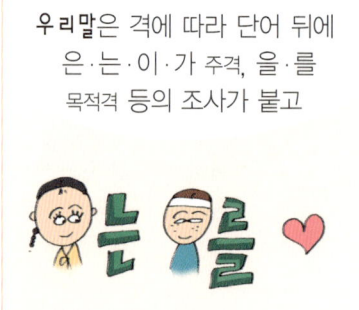

영어는 격에 따라 형태가 변하지만

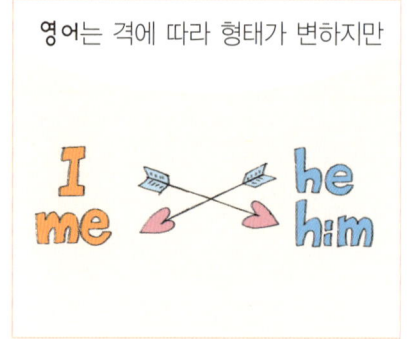

중국어는 우리말이나 영어와는 달리 인칭에 따라 한자가 변하지 않는다.

2 동사의 변화가 없다

영어는 주어의 인칭이나 시제에 따라 동사가 변하고

우리말도 과거나 현재, 미래에 따라 어미가 변하지만

중국어는 변하지 않고 시간을 나타내는 명사나 부사를 사용하거나 동사 뒤에 조사를 넣어 시제를 나타낸다.

3 명사의 성별 및 단수·복수의 변화가 없고
관사나 관계대명사도 없다. 또한 조사가 없고 우리말에 발달되어 있는 존칭어 또한 대단히 단순하여 请, 敬, 老 등만 사용해도 존칭어로 충분하다.

중국어는 띄어쓰기가 없다. 단, 본문 대화문에서는 초보자들의 학습 편의를 위해 한 단어씩 띄어쓰기를 하였다.

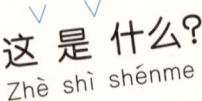

这 是 什么?
Zhè shì shénme

성조 声调

성조는 크게 4가지, 즉 1성·2성·3성·4성으로 나누는데 이를 **4성** 四声이라고 한다

성조에 따라 같은 음이라도 뜻이 달라지며 같은 글자라도 성조가 달라질 경우 뜻이 달라진다. 그러므로 기본적인 의사소통을 위해서 성조는 정확히 익혀야 한다. 성조를 정확히 익히기 위해서는 중국어를 배우는 초기에 매 글자의 성조를 정확히 기억하고 많은 연습을 통하여 자연스럽게 익혀야 한다.

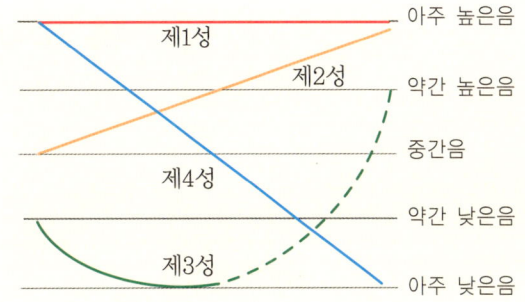

4성

1성	─	아주 높은음에서 시작하여 같은 높이로 끝까지 발음한다. **mā** 妈 엄마
2성	╱	중간음에서 아주 높은 음으로 올라가며 소리를 낸다. **má** 麻 삼베
3성	✓	약간 낮은음에서부터 아주 낮은 음으로 떨어졌다가 다시 올라가며 소리를 낸다. **mǎ** 马 말
4성	╲	아주 높은 음에서 아주 낮은 음으로 뚝 떨어지게 소리를 낸다 **mà** 骂 욕하다

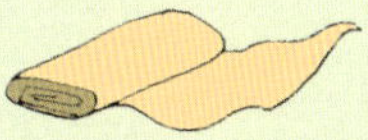

성조

성조부호의 표기방법

1. 모음이 하나만 있을 경우, 그 **모음 위**에 표기하며　ta ⇨ tā　他 그

   모음 i 에 성조부호를 붙일 때는 **i 위의 점을 없애고**　ni ⇨ nǐ　你 너, 당신

   표기한다.

2. 둘 이상의 모음이 있을 경우, 성조부호는 주요 모음 입 벌리기가 큰 모음 인 a, e, o 순으로 표기한다.

   모음 a가 있으면 **a위에 붙이고**　hao ⇨ hǎo　好 좋다

   a가 없으면 **e, o 위에 표기**한다.　duo ⇨ duō　多 많다

3. 모음 i, u, ü 가 있을 경우에는 **가장 끝에 쓰인 모음** 위에 표기한다.

   huí　回 돌아오다　　　　liù　六 여섯

4. 경성P13참조 은 **성조를 표기하지 않는다.**

   ma　吗 ~까? **?**　　　　le　了 ~했다

격음부호

a, e, o 로 시작되는 음절이 다른 음절의 뒤에 올 때는 두 음절의 구분을 확실히 하기 위해서 그 사이에 **격음부호**를 쓴다.

nǚ'ér　　　　　　tiān'ānmén
女儿 딸　　　　　　天安门 천안문

성조의 변화

경성 轻声

4성 이외에 본래의 성조가 변하여 짧고 가볍게 발음해주는 경우가 있는데 이를 **경성** 轻声 이라고 한다. 경성은 표기를 하지 않거나 모음 위에 ˙ 으로 표기한다. 경성으로 소리를 내는 경우는 다음과 같다.

➡ **음이 같거나 뜻이 같은 말이 중복**되어 쓰일 때

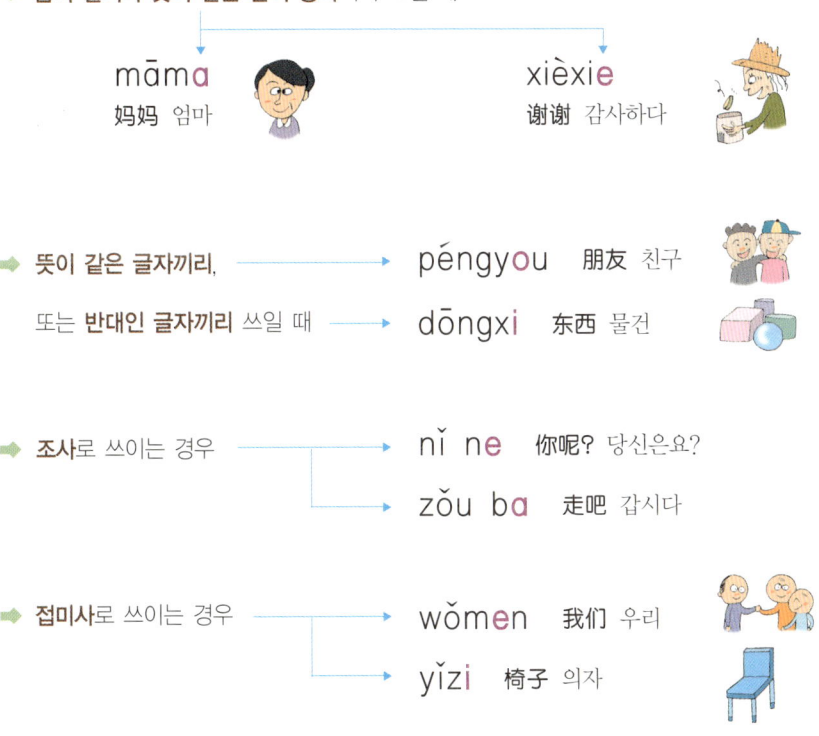

māma
妈妈 엄마

xièxie
谢谢 감사하다

➡ **뜻이 같은 글자끼리,** ➡ péngyou 朋友 친구

또는 **반대인 글자끼리 쓰일 때** ➡ dōngxi 东西 물건

➡ **조사**로 쓰이는 경우 ➡ nǐ ne 你呢? 당신은요?

➡ zǒu ba 走吧 갑시다

➡ **접미사**로 쓰이는 경우 ➡ wǒmen 我们 우리

➡ yǐzi 椅子 의자

3성의 성조변화

제 3성 뒤에 3성이 연이어 올 경우, 발음상의 편의를 위해 **앞의 3성은 2성으로** 변한다. 그러나 표기는 그대로 3성으로 하고 **발음만 2성으로** 변한다.

nǐ hǎo ➡ ní hǎo   你好! 안녕하세요!

∨ + ∨ ⇨ / + ∨

성조의 변화

반 3성

3성은 제 1, 2, 4성 및 경성 앞에서는 3성의 발음 부분 중 내려가는 앞부분 ＼ 만을 소리내는데 이것을 **반 3성**이라고 한다.

lǎo shī 老师 선생님

＼ 반3성 ＋ ─

zǎo shang 早上 아침

＼ 반3성 ＋ ·

不의 성조변화

不 bù 는 원래 4성이지만 뒤에 4성이 올 경우, **2성**으로 발음이 변한다.

bù shì ➡ bú shì 不是 ~가 아니다

＼ ＋ ＼ ⇨ ／ ＋ ＼

bú yào 不要 ~하지 마라

bú yòng 不用 ~할 필요가 없다

一의 성조변화

1. 一 yī 는 원래 1성이지만 뒤에 4성이나 4성이 변한 경성이 올 경우, **2성**으로 발음이 변한다.

yī dìng ➡ yí dìng 一定 반드시

─ ＋ ＼ ⇨ ／ ＋ ＼

yí ge 一个 한 개

yí kuài 一块 1위앤 돈

2. 뒤에 1·2·3성이 올 경우, **4성**으로 발음이 변한다.

yì tiān 一天 하루

＼ ＋ ─

yì diǎnr 一点儿 조금

＼ ＋ ∨

3. 서수로 쓰일 때는 **그대로 1성**으로 발음한다.

yī yuè　一月 1월

dì yī kè　第一课 제1과

형용사의 중첩

일부 형용사는 중첩_{두번} 반복하여 부사로 쓰이는 경우, 두번째 음절의 성조가 원래의 성조와 상관없이

1성으로 변하고

소리는 **얼화** 儿化가 이루어진다.

mànmānr　慢慢儿 천천히　　hǎohāor　好好儿 아주, 잘

얼화 儿化

명사 뒤에 儿 ér을 붙여 **발음이 변화하는** 것을 말하며 표기는 마지막 음절 뒤에 –r만 써주면 된다. 특별한 의미는 없고, 작고 귀여우며 친숙한 것을 부를 때, 또는 습관적으로 쓰는데 베이징 일대의 지방에 나타나는 특징이다. 발음하는 방법은 다음과 같다.

➡ 마지막 모음이 -a, -o, -e, -u 로 끝날 때는 -r –ㄹ 음만 첨가된다. ⟶ huār　花儿 꽃

➡ 마지막 모음이 -ai, -ei, -n, -ng 로 끝날 때는 -i 나 -n, -ng 음이 탈락되면서 -r –ㄹ 음만 첨가된다.

nánháir　男孩儿 남자아이
묵음

wánr　玩儿 놀다
묵음

➡ 마지막 모음이 -i, -ü 로 끝날 때는 -er –얼 음이 첨가된다. 또한 -in, -ing 로 끝날 때는 -n, -ng 음이 탈락되면서 -er –얼 음이 첨가된다.

shuǐr　水儿 물, 즙

xìnr　信儿 편지
묵음

성모 声母

중국어의 음절은 성모와 운모로 구성되어 있다.
성모란 우리말의 **자음**과 같은 것으로 발음 부위와 방법에 따라 나눌 수 있으며 모두 21개로
이루어져 있다.

발음의 한글표기는 이해를 돕기 위해 원음에 가깝게 표기했을 뿐
실제음이 아니다. Tape를 통해 정확히 익히도록 하자.

순음

| b 뽀 | p 포 | m 모 | f 포 |

윗입술과 아랫입술, 또는 윗니와 아랫입술이 작용하여 내는 소리. o오 음을 붙여서 읽는다.

설첨음

| d 떠 | t 터 | n 너 | l 러 |

혀끝과 윗잇몸이 작용하여 내는 소리. e어 음을 붙여서 읽는다.

설근음

| g 꺼 | k 커 | h 허 |

혀뿌리와 여린 입천장연구개이 작용하여 내는 소리. e어 음을 붙여서 읽는다.

설면음

| j 지 | q 치 | x 시 |

혓바닥과 굳은 입천장경구개이 작용하여 내는 소리. i이 음을 붙여서 읽는다.

권설음

| zh 즈 | ch 츠 | sh 스 | r 르 |

혀끝을 말아서 작용하여 내는 소리. 음가 없는 i이 음을 붙여서 읽는다.

설치음

| z 쯔 | c 츠 | s 쓰 |

혀끝과 윗니가 작용하여 내는 소리. 음가 없는 i이 음을 붙여서 읽는다.

◆ 단독으로 발음할 경우, ㅇ오 를 붙여서 읽는다.

b

 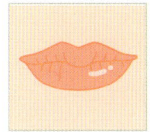

입술을 붙였다가 떼면서 **뽀**와 같이 발음한다. 우리말의 ㅂ,ㅃ에 해당한다.

bā
八 여덟, 8

bǎi
百 백, 100

p

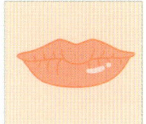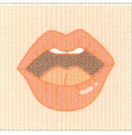

b와 발음 방법은 같으나 입김을 강하게 내보내면서 **포**와 같이 발음한다. 우리말의 ㅍ에 해당한다.

pǎo
跑 달리다

piào
票 표

m

 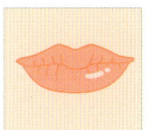

입술을 다물었다가 떼면서 입김을 코로 내보내면서 **모**와 같이 발음한다. 우리말의 ㅁ에 해당한다.

mǐ
米 쌀

mén
门 문

f

 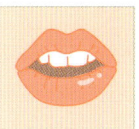

윗니를 아랫입술에 가볍게 갖다 대며 **포**와 같이 발음한다. 영어의 f와 같은 발음이다.

fàn
饭 밥

fēng
风 바람

◆ 단독으로 발음할 경우, e어 를 붙여서 읽는다.

d

혀끝을 윗잇몸에 붙였다가 떼면서 떠와 같이 발음한다. 우리말의 ㄷ, ㄸ에 해당한다.

dà
大 크다

dōng
东 동쪽

t

d와 발음 방법은 같으나 입김을 강하게 내보 내면서 터와 같이 발음한다.
우리말의 ㅌ에 해당한다.

tā
他 그

tīng
听 듣다

n

혀끝을 윗잇몸에 붙였다가 떼며 입김을 코로 내보내면서 너와 같이 발음한다.
우리말의 ㄴ에 해당한다.

nǐ
你 너, 당신

niú
牛 소

l

혀끝을 윗잇몸에 붙였다가 떼며 혀의 양측으 로 입김을 내보내면서 러와 같이 발음한다.
우리말의 ㄹ에 해당한다.

lái
来 오다

liù
六 여섯, 6

◆ 단독으로 발음할 경우, e 어 를 붙여서 읽는다.

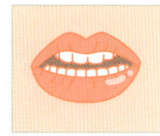

혀뿌리를 여린 입천장 연구개 에 붙였다 떼면서 **꺼**와 같이 발음한다. 우리말의 ㄱ, ㄲ에 해당한다.

gāo
高 높다

gěi
给 주다

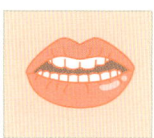

g와 발음 방법은 같으나 입김을 강하게 내보내면서 **커**와 같이 발음한다. 우리말의 ㅋ에 해당한다.

kāi
开 열다

kǒu
口 입

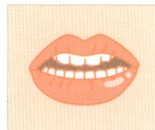

혀뿌리를 여린 입천장에 닿을 듯 말 듯하게 한 후 그 사이로 숨을 내보내면서 **허**와 같이 발음한다. 우리말의 ㅎ에 해당한다.

hǎi
海 바다

hē
喝 마시다

큰소리로 따라하는 성모 연습

◆ 단독으로 발음할 경우, i이 를 붙여서 읽는다.

j

헛바닥을 굳은 입천장 경구개 에 가볍게 붙였다 떼면서 지와 같이 발음한다. 우리말의 ㅈ에 해당한다.

jīn
金 금

jiǔ
酒 술

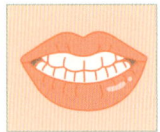

q

j와 발음 방법은 같으나 입김을 강하게 내보내면서 치와 같이 발음한다. 우리말의 ㅊ에 해당한다.

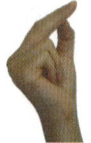

qī
七 일곱, 7

qián
钱 돈

x

헛바닥을 경구개에 가까이 대고 그 사이로 공기를 마찰시켜 시와 같이 발음한다. 우리말의 ㅅ에 해당한다.

xiǎo
小 작다

xī
西 서쪽

◆ 단독으로 발음할 경우, 음가가 없는 i 를 붙여서 읽는다 .

zh

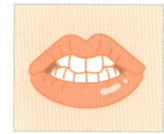

혀끝을 말아올려 입천장에 가볍게 닿았다 떼면서 그 사이로 공기를 마찰시켜 **즈**와 같이 발음한다.

zhè
这 이것

zhī
知 알다

ch

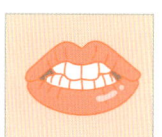

zh과 발음 방법은 같으나 입김을 강하게 내보내면서 **츠**와 같이 발음한다.

chá
茶 차

chī
吃 먹다

sh

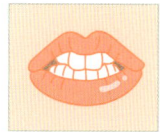

zh과 발음 방법은 같으나 혀끝이 입천장에 닿을 듯 말 듯한 상태에서 그 사이로 공기를 마찰시켜 **스**와 같이 발음한다.

shǒu
手 손

shū
书 책

r

sh과 발음 방법은 같으나 성대를 울리면서 **르**와 같이 발음한다.

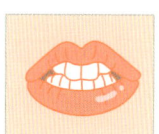      

rè
热 덥다

ròu
肉 고기

발음 성모 **21**

◆ 단독으로 발음할 경우, 음가가 없는 i 를 붙여서 읽는다 .

Z

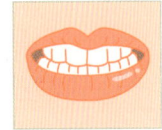

혀끝을 쭉 펴고 윗니 안쪽에 붙였다가 떼면서 그 사이로 공기를 마찰시켜 ㅉ와 같이 발음한다. 우리말의 ㅉ에 해당한다.

zǎo
早 아침

zuò
坐 앉다

C

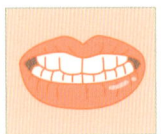

z와 발음 방법은 같으나 입김을 강하게 내보내면서 ㅊ와 같이 발음한다. 우리말의 ㅊ에 해당한다.

cài
菜 음식

cǎo
草 풀

S

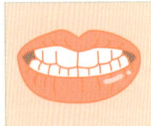

혀끝이 윗니 안쪽에 닿을 듯 말 듯한 상태에서 그 사이로 공기를 마찰시켜 ㅆ와 같이 발음한다. 우리말의 ㅆ에 해당한다.

sān
三 셋, 3

sì
四 넷, 4

지금까지 자음에 대해서 살펴보았다. 모음으로 넘어가기 전에 처음으로 돌아가서 다시 한번 Tape를 따라 발음해보자.

운모란 우리말의 **모음**과 같은 것으로 16개의 일반운모와 22개의 결합운모로 이루어져 있다.

일반운모

단운모

a 아 o 오 e 어 i 이

u 우 ü 위

운모중 가장 기본이 되는 발음으로 하나의 운모로 된 것을 말한다.

복운모

ai 아이 ei 에이 ao 아오 ou 오우

두개의 단운모가 결합하여 이루어진 것이다.

부성운모

an 안 en 언 ang 앙 eng 엉

ong 옹

단운모에 비음인 n·ng가 결합하여 이루어진 것이다.

권널운모

er 얼

성모와 결합하지 않고 항상 단독으로 쓰이는데, 때로는 단어의 끝에 붙어서 발음변화를 일으키는 데 이러한 현상을 얼화兒化 P15참조라고 한다.

표기법

i가 단독으로 음절을 구성할때는 yi 라고 표기한다.
u가 단독으로 음절을 구성할때는 wu 라고 표기한다.
ü가 단독으로 음절을 구성할때는 yu 라고 표기하고 앞에 성모 j, q, x 가 오면 위의 두 점은 생략해서 쓴다.

ü ⇨ yu   q , ü ⇨ qu   x + ü ⇨ xu

♦ 단운모 a o e i u ü

a

혀의 위치는 낮게 하고 입을 크게 벌리면서 아와 같이 발음한다.

mā
妈 엄마

dǎ
打 치다

o

입은 반쯤 벌리고 입모양을 둥글게 하여 혀의 위치는 중간 정도의 높이에서 오어와 같이 발음한다.

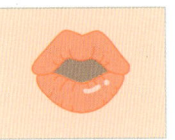

mǒ
抹 바르다

pò
破 깨다

e

입은 반쯤 벌리고 혀의 위치는 중간 정도의 높이에서 으어같이 발음한다.

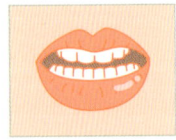

è
饿 배고프다

gē
歌 노래

i

입을 작게 벌리고 입술은 양옆으로 벌리면서 이와 같이 발음한다.
단독으로 쓰일 경우, yi로 표기한다.

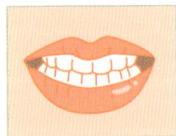

bǐ
笔 붓

yī
一 하나, 1

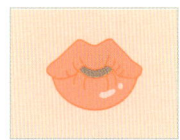

입을 작게 벌리고 입술을 둥글게 오므리면서
우와 같이 발음한다.
단독으로 쓰일 경우, wu로 표기한다.

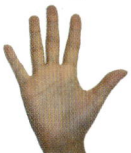

lù

路 길

wǔ

五 다섯, 5

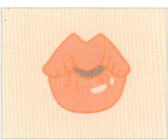

입술을 오므리고 앞으로 내밀면서 **위**와 같이
발음한다. 이때, 입술이 움직이면 안된다.
단독으로 쓰일 경우, yu로 표기한다.

nǚ

女 여자

yú

鱼 물고기

◆ 복운모 ai ei ao ou

 a에 강세를 두고 i는 가볍게 붙여서 아이와 같이 발음한다.

ài
爱 사랑하다

mǎi
买 사다

 e에 강세를 두고 i는 가볍게 붙여서 에이와 같이 발음한다. 이때, e는 어 가 아니고 **에**로 발음된다.

hēi
黑 검정색

fēi
飞 날다

a에 강세를 두고 o는 가볍게 붙여서 아오와 같이 발음한다.

hǎo
好 좋다

lǎo
老 늙다

o에 강세를 두고 u는 가볍게 붙여서 오우와 같이 발음한다.

dōu
都 모두

zǒu
走 걷다

♦ 부성운모 an en ang eng ong

 **an** 먼저 a를 발음하다가 콧소리인 n을 붙여 **안**과 같이 발음한다.

kàn
看 보다

nán
男 남자

 **en** 먼저 e를 발음하다가 콧소리인 n을 붙여 **언**과 같이 발음한다.

rén
人 사람

shēn
身 몸

ang 먼저 a를 발음하다가 콧소리인 ng을 붙여 **앙**과 같이 발음한다.

cháng
长 길다

shàng
上 위

eng 먼저 e를 발음하다가 콧소리인 ng을 붙여 **엉**과 같이 발음한다.

lěng
冷 춥다

téng
疼 아프다

ong 먼저 o를 발음하다가 콧소리인 ng을 붙여 **옹**과 같이 발음한다.

hóng
红 붉다

zhōng
中 가운데

♦ 권설운모 er

 먼저 e를 발음하다가 혀끝을 말아올리면서 **얼**과 같이 발음한다.
단독으로 음절을 이루기도 하고 다른 운모뒤에서 얼화운모가 된다.

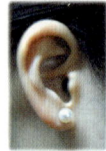

ěr

耳 귀

èr

二 둘, 2

결합운모   i, u, ü 뒤에 다른 모음이 결합하여 만들어진다.

i와 결합운모

ia 이아   ie 이에   iao 이아오   iou 이오우

ian 이앤   iang 이앙   in 인   ing 잉

iong 이옹

u와 결합운모

ua 우아   uo 우오   uai 우아이   uei 우에이

uan 우안   uang 우앙   uen 우언   ueng 우엉

ü와 결합운모

üan 위앤   üe 위에   ün 윈

표기법

i로 음절이 시작될 경우, i를 y로 바꾸어 표기한다.   ie ye   iao yao

iou는 앞에 성모가 오면 가운데 o가 없어지고 -iu라고 표기한다.

l + iou ⇨ liu   j + iou ⇨ jiu

u로 음절이 시작될 경우, u를 w로 바꾸어 표기한다.   ua wa   uen wen

uei, uen는 앞에 성모가 오면 가운데 e가 없어지고 -ui, -un이라고 표기한다.

g + uei ⇨ gui   c + uen ⇨ cun

ü로 음절이 시작될 경우, yu로 바꾸어 표기하고
앞에 성모 j, q, x 가 오면 ü 위의 두 점은 생략해서 쓴다.   üan yuan   q + ün ⇨ qun

♦ i와 결합한 운모 ia ie iao iou ian iang in ing iong

ia
a에 강세를 두고 **이아[야]**와 같이 발음한다.

jiā
家 집

xià
下 아래

ie
e에 강세를 두고 **이에[예]**와 같이 발음한다. 이때, e는 어가 아니고 에로 발음된다.

yè
夜 밤

xiè
谢 감사하다

iao
a에 강세를 두고 **이아오[야오]**와 같이 발음한다.

qiáo
桥 다리

xiào
笑 웃다

iou
o에 강세를 두고 **이오우[요우]**와 같이 발음한다. 앞에 성모가 오면 o가 없어지고, -iu로 표기한다.

jiǔ
九 아홉, 9

yòu
右 오른쪽

ian
a에 강세를 두고 이안이라고 발음하지 않고 **이앤**과 같이 발음한다.

tiān
天 하늘

qián
前 앞

iang
a에 강세를 두고 **이앙[양]**과 같이 발음한다.

jiāng
江 강

liǎng
两 둘

in

먼저 i를 발음하다가 n을 붙여 **인**과 같이 발음한다.

xīn

新 새롭다

ing

먼저 i를 발음하다가 ng을 붙여 **잉**과 같이 발음한다.

píng

瓶 병

iong

먼저 i를 발음하다가 ong을 붙여 **용**와 **융**의 **중간음**을 낸다.

xiōng

兄 형

◆ u와 결합한 운모 ua uo uai uei uan uang uen ueng

 **ua** a에 강세를 두고 **우아[와]**와 같이 발음한다.

huā
花 꽃

wàzi
袜子 양말

uo o에 강세를 두고 **우오[워]**와 같이 발음한다.

duō
多 많다

wǒ
我 나

uai a에 강세를 두고 **우아이[와이]**와 같이 발음한다.

kuài
快 빠르다

wài
外 바깥

uei e에 강세를 두고 **우에이[웨이]**와 같이 발음한다. 앞에 성모가 오면 e가 없어지고, -ui로 표기한다.

guì
贵 비싸다

shuǐ
水 물

uan a에 강세를 두고 **우안[완]**과 같이 발음한다.

chuán
船 배

wǎn
晚 저녁

uang a에 강세를 두고 **우앙[왕]**과 같이 발음한다.

huáng
黄 노란색

wáng
王 임금

uen

e에 강세를 두고 **우언[원]**과 같이 발음한다. 앞에 성모가 오면 e가 없어지고, **-un**으로 표기한다.

chūn
春 봄

wèn
问 묻다

ueng

e에 강세를 두고 **우엉[웡]**과 같이 발음한다.
단독으로 음절을 이루며 다른 성모와 결합할 수 없다.

wēng
翁 노인

♦ ü와 결합한 운모 üan üe ün

üan

위안이라고 발음하지 않고 **위앤**과 같이 발음해야 한다.

yuǎn
远 멀다

üe

ü에 강세를 두고 **위에**와 같이 발음한다. 이때, e는 어가 아니고 에로 발음된다.

xuě
雪 눈

ün

먼저 ü를 발음하다가 n을 붙여 **윈**과 같이 발음한다.

yún
云 구름

성조연습

[제 1성]

1+1성

chūntiān
春天 봄

fēijī
飞机 비행기

1+2성

Zhōngguó
中国 중국

gōngyuán
公园 공원

1+3성

qiānbǐ
铅笔 연필

jīchǎng
机场 공항

1+4성

shāngdiàn
商店 상점

shēngrì
生日 생일

1+경성

yīfu
衣服 옷

zhuōzi
桌子 탁자

[제 2성]

2+1성

qiánbāo
钱包 지갑

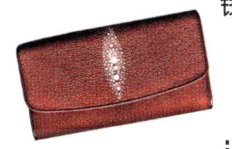

jiéhūn
结婚 결혼하다

2+2성

xuéxí
学习 공부하다

yínháng
银行 은행

2+3성

cídiǎn
词典 사전

píjiǔ
啤酒 맥주

2+4성

yóupiào
邮票 우표

zázhì
杂志 잡지

2+경성

érzi
儿子 아들

pútao
葡萄 포도

성조연습

[제 3성]

3+1성

Běijīng
北京 베이징

huǒchē
火车 기차

3+2성

Měiguó
美国 미국

lǚxíng
旅行 여행(하다)

3+3성

3성과 3성의 단어는 발음의 편의를 위해 앞의 3성을 2성으로 발음한다.

shuǐguǒ
水果 과일

shǒubiǎo
手表 손목시계

3+4성

lǐwù
礼物 선물

bǐsài
比赛 시합

3+경성

běnzi
本子 노트

yǎnjing
眼睛 눈

[제 4성]

4+1성

qìchē
汽车 자동차

miànbāo
面包 빵

4+2성

dàxué
大学 대학

wèntí
问题 문제

4+3성

Rìběn
日本 일본

diànyǐng
电影 영화

4+4성

diànhuà
电话 전화

fàndiàn
饭店 호텔

4+경성

dàifu
大夫 의사

kuàizi
筷子 젓가락

본문에서는 한글 발음을 달지 않았다.
두려워하지 말고 Tape와 함께 열심히 따라하면서 단어와 문장들을 읽어보자!

🎧 **녹음부분…** **발음** 성조, 성모, 운모, 성조연습
　　　　　　　　본문 기본패턴, 기초회화, 새 단어, 일러스트로 알아보는 표현, 회화연습, 중국이야기 1·8과

你好!

안녕하세요!

1과

발음을 끝내고
이제 본문이 시작되었다!
외국어의 기초가 되는 가장 기본적인
인사말부터 배워보자!

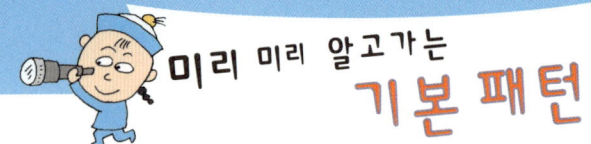

평서문

你 好!
Nǐ hǎo

안녕하세요!

你好 nǐ hǎo 는 가장 일반적인 인사말로, 우리말의 **안녕하세요!**에 해당하며 처음 만난 사람이나 친한 사이에 모두 쓸 수 있다.

▶ 你 nǐ 너 2인칭대명사
▶ 好 hǎo 좋다, 잘지내다 형용사

✚ 중국어의 기본 패턴은 주어+술어의 순서이다. 여기에서처럼 어떠한 상태를 나타내는 말인 **형용사**가 술어로 쓰인 문장을 **형용사 술어문**이라고 한다.

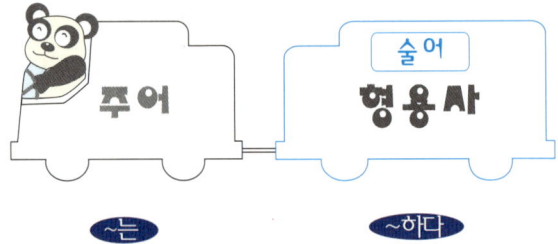

주어 ~는　　**술어 형용사** ~하다

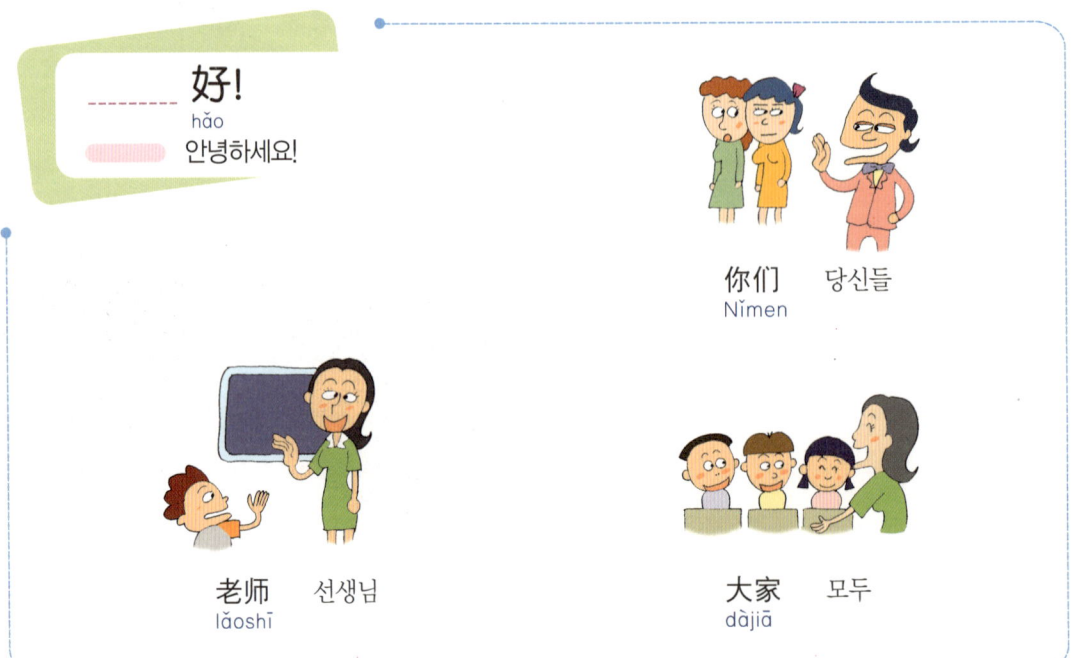

好!
hǎo
안녕하세요!

你们 당신들
Nǐmen

老师 선생님
lǎoshī

大家 모두
dàjiā

의문문 1

你 好 吗?
Nǐ hǎo ma

안녕하십니까?

의문문을 만들 때는 가장 일반적인 방법으로 평서문 끝에 우리말의 ~까?에 해당하는 의문조사 **吗** ma 를 붙이면 된다.

你好吗 nǐ hǎo ma 는 **잘 지내십니까?**라는 뜻의 이미 아는 사이에 **안부를 묻는 말**로 처음 만난 사람에게는 쓰지 않는다.

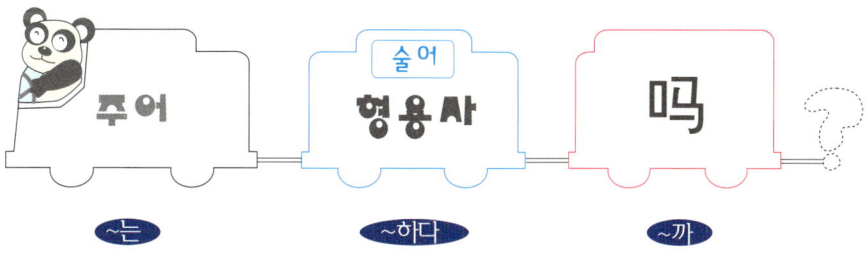

你 ____ 吗?
Nǐ   ma
당신은 ███████ 니까?

忙 바쁘다
máng

累 피곤하다
lèi

高兴 기분 좋다, 기쁘다
gāoxìng

의문문 2

你 忙 不 忙?
Nǐ máng bu máng

당신은 **바쁩니까?**

의문문을 만드는 또 다른 방법으로 술어로 쓰인 형용사의 **긍정형**과
부정형 P43참조 을 같이 써서 만드는데 이때, 의문조사 **吗**는 쓰지 않는다.
긍정+부정의 순서로 쓰며 이와 같은 의문문을 **반복의문문**이라고 한다.

➕ 不는 원래 4성이지만, 위와 같이 반복의문문에서는 경성 bu 로 발음한다.

▶ 忙 máng 바쁘다 형용사
▶ 不 bù ∼아니다

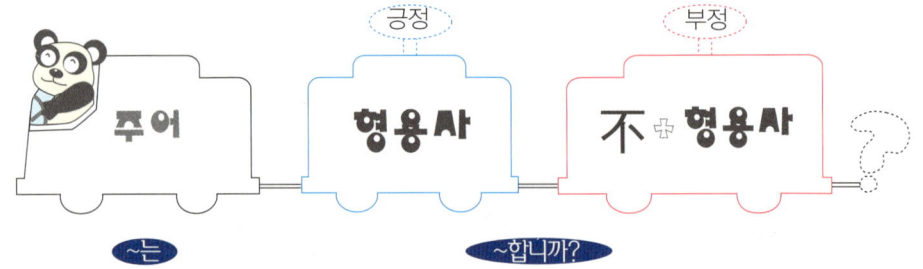

긍정 / 부정

주어 / 형용사 / 不+형용사 / ?

∼는 / ∼합니까?

_____ 不 _____ ?
　　　　　bù

▨▨▨ 는(은) ▨▨▨ 니까?

你 / 累　당신 / 피곤하다
nǐ   lèi

他 / 高　그 / 키가 크다
tā gāo

人 / 多　사람 / 많다
rén duō

부정문

我 不 忙。
Wǒ bù máng

나는 바쁘지 않습니다.

형용사 앞에 부정의 뜻을 나타내는 不 bù 를 넣어서 ~하지 않다라는 뜻의
부정문을 만든다.

▶ 我 wǒ 나 1인칭대명사

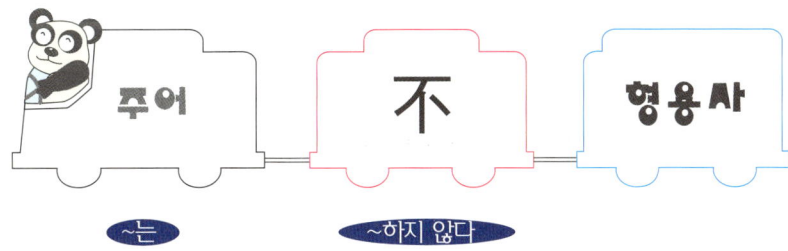

주어   不   형용사

~는   ~하지 않다

----- 不 -----。
bù
이(가) 지 않습니다.

山 / 高   산 / 높다
shān gāo

她 / 漂亮   그녀 / 예쁘다
tā piàoliang

房间 / 干净   방 / 깨끗하다
fángjiān gānjìng

打招呼

你好!

안녕하세요!

你 好!
Nǐ hǎo

你 好 吗?
Nǐ hǎo ma

我 很 好。你 呢?
Wǒ hěn hǎo Nǐ ne

我 也 很 好, 谢谢。
Wǒ yě hěn hǎo xièxie

你 最近 忙 不 忙?
Nǐ zuìjìn máng bu máng

我 不 太 忙。
Wǒ bú tài máng

♥ 안녕하세요!

■ 잘 지내십니까?

♥ 네, 잘 지냅니다. 당신은요?

■ 저도 잘 지냅니다. 고맙습니다.

♥ 요즘 바쁘십니까?

■ 그다지 바쁘지 않습니다.

❖ 안부묻기

 새 단어

1-B

你	nǐ	너, 당신	也	yě	또한, ~역시
好	hǎo	좋다, 잘 지내다	谢谢	xièxie	감사합니다
吗	ma	~까? 의문조사	最近	zuìjìn	요즘, 최근
我	wǒ	나	忙	máng	바쁘다
很	hěn	매우, 아주	不	bù	~가 아니다
呢	ne	~는요? 의문조사	太	tài	매우, 아주

很
hěn

매우, 아주라는 뜻으로 형용사 앞에서 그 정도를 나타내는 부사이다. 그러나 **我很好。**
에서처럼 형용사가 **혼자** 술어로 쓰인 문장에서는 형용사 앞에 형식적으로 붙여 주어
가볍게 발음하며 해석할 필요가 없다.

这个 이것
zhège

大 크다
dà

예 **我很忙。** 나는 바쁩니다.
Wǒ hěn máng

这个很大。 이것은 큽니다.
Zhège hěn dà

很외에 매우, 대
단히 라는 의미로 쓰
이는 부사에는 太tài,
非常fēicháng, 十分
shífēn 등이 있다.

也
yě

역시, ~도 또한이라는 뜻의 부사이다.

예 **他也很好。** 그도 잘 지냅니다.
Tā yě hěn hǎo

我也很高兴。 나도 기쁩니다.
Wǒ yě hěn gāoxìng

인칭대명사

사람이나 사물을 대신해서 지칭하는 말을 **인칭 대명사**라고 한다.

	단수		복수	
1인칭	我 wǒ	나	我们 wǒmen	우리
2인칭	你 nǐ, 您 nín	너, 당신	你们 nǐmen	너희, 당신들
3인칭	他, 她, 它 tā	그, 그녀, 그것	他们, 她们, 它们 tāmen	그들, 그녀들, 그것들

- 您은 你의 존칭, 们은 복수를 나타내는 어미
- 他는 남성, 她는 여성, 它는 사물
- 咱们은 말하는 사람과 듣는 사람을 모두 포함하여 우리들이라고 지칭할 때 사용

呢
ne

간단하게 ~는요?라고 물을 때 명사와 함께 문장 끝에 쓰여 의문의 뜻을 나타낸다.

예 我很忙。你呢?
Wǒ hěn máng. Nǐ ne

나는 바쁩니다. 당신은요(바쁘십니까)?

太
tài

很과 같이 **매우, 아주**라는 뜻의 정도를 나타내는 부사이다. 부정문에 쓰일 때는 **그다지, 별로**라는 뜻으로 해석한다.

예 人太多。
Rén tài duō

사람이 매우 많습니다.

我不太好。
Wǒ bú tài hǎo

나는 그다지 잘 지내지 못합니다.

人 사람
rén

多 많다
duō

일러스트로 알아보는 표현

1-B

감사 · 사과

제 1과 你好! **47**

 1-B

1　**A**　아래의 한어병음을 읽어보자.

1_ wǒ 　　　2_ máng 　　　3_ nǐmen 　　　4_ zuìjìn

　　B　아래 한자의 한어병음을 각각 쓰고 읽어보자.

1_ 吗 　　　2_ 很 　　　3_ 你好 　　　4_ 谢谢

2　Tape를 듣고 빈 칸에 들어갈 내용과 일치하는 것을 골라보자.

> A : 你忙吗?　　　　　　Nǐ máng ma?
>
> B : 　　　　　　　　　。

1_

忙 바쁜
mámg

2_

不忙 바쁘지 않다
bù máng

3_

不太忙 그다지 바쁘지 않다
bú tài máng

3　Tape를 듣고 보기에 있는 단어를 이용하여 대화를 완성해보자.

好, 吗, 很, 呢

A : 你 　　　!

B : 你 　　　　　?

A : 我 　　　　。你 　　　?

B : 我也 　　　　　。

이 과에서 배운 주요 한자를 따라 써 보고 중국어로 읽어보자.

你 nǐ	你	你			
너, 당신					

吗 ma	吗	吗			
~까?					

们 men	们	们			
~들 복수를 나타내는 어미					

谢谢 xièxie	谢谢	谢谢			
감사하다					

老师 lǎoshī	老师	老师			
선생님					

高兴 gāoxìng	高兴	高兴			
기쁘다					

정답 1. B 1_ ma 2_ hěn 3_ Nǐ hǎo 4_ xièxie   2. 3_ 我不太忙。(Tape)
3. 好, 好, 吗, 很, 好, 呢, 很, 好

中国

인사말

♦ **아침**

你早!   안녕하세요!
Nǐ zǎo

早安!   안녕하세요!
Zǎo ān

早上好!   안녕하세요!
Zǎoshang hǎo

♦ **점심**

午安!   안녕하세요!
Wǔ ān

♦ **저녁**

晚上好!   안녕하세요!
Wǎnshang hǎo

晚安!   안녕히 주무세요!
Wǎn ān   (편안한 밤 되세요!)

♦ **헤어질 때**

再见!   다음에 만나요!
Zàijiàn

明天见!   내일 만나요!
Míngtiānjiàn

慢走!   안녕히 가세요!
Mànzǒu   (살펴가세요!)

我叫小英。

저는 시야오잉이라고 합니다.

2과

처음 만났을 때 상대방의 이름을 묻고
자신의 이름을 말하는 표현과
인사표현에 대해 알아보자!

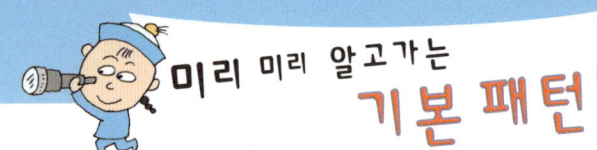

평서문1

我 叫 小英。
Wǒ jiào Xiǎoyīng

저는 시야오잉이라고 합니다.

叫 jiào 는 사람이나 사물의 이름을 말할 때 ~라고 하다라는 뜻의 동사이다. **주어**+**동사**의 순서로 쓰며 동사는 주어의 인칭이나 시제, 단·복수에 따라 변하지 않는다.

➕ 동작을 나타내는 말을 **동사**라고 하고 이 동사가 술어로 쓰인 문장을 동사 술어문이라고 한다.

▶ 叫 jiào ~라고 부르다, ~이다
▶ 小英 Xiǎoyīng 시야오잉 사람이름

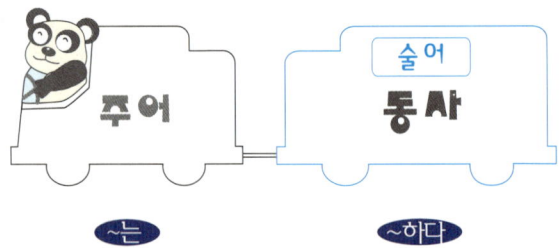

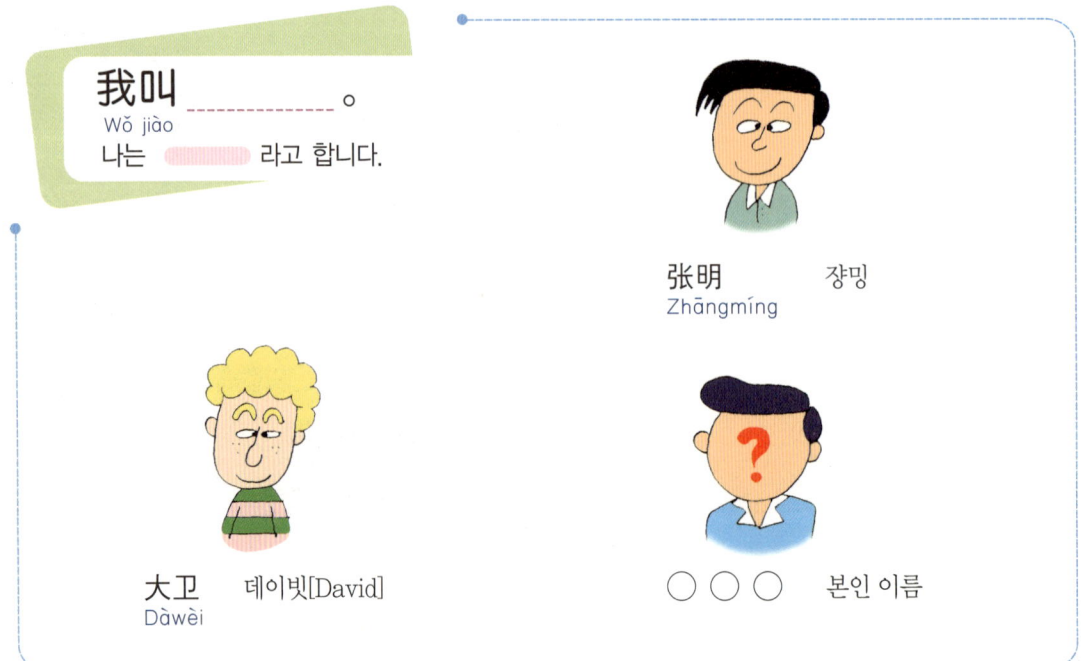

我叫 _____。
Wǒ jiào
나는 　　　　라고 합니다.

张明　　쟝밍
Zhāngmíng

大卫　데이빗[David]
Dàwèi

○○○　본인 이름

1-B

평서문 2

我 认识 你。
Wǒ rènshi nǐ

나는 당신을 압니다.

认识 rènshi 는 **알다**라는 뜻의 동사이다. 동사가 ~를·을에 해당하는 목적어를 갖게 되면 **주어 + 동사 + 목적어**의 순서가 된다.

▶ 认识 rènshi 알다

✚ 중국어에서는 목적어를 빈어라고 한다.

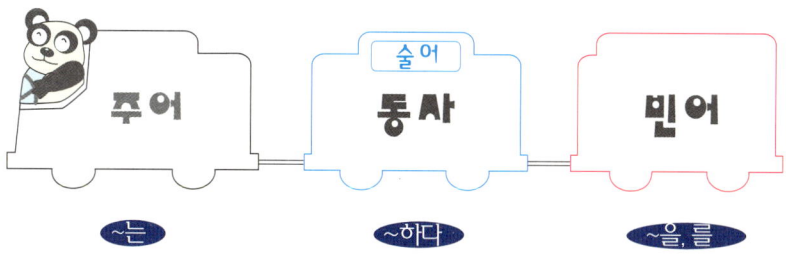

주어	숙어 동사	빈어
~는	~하다	~을, 를

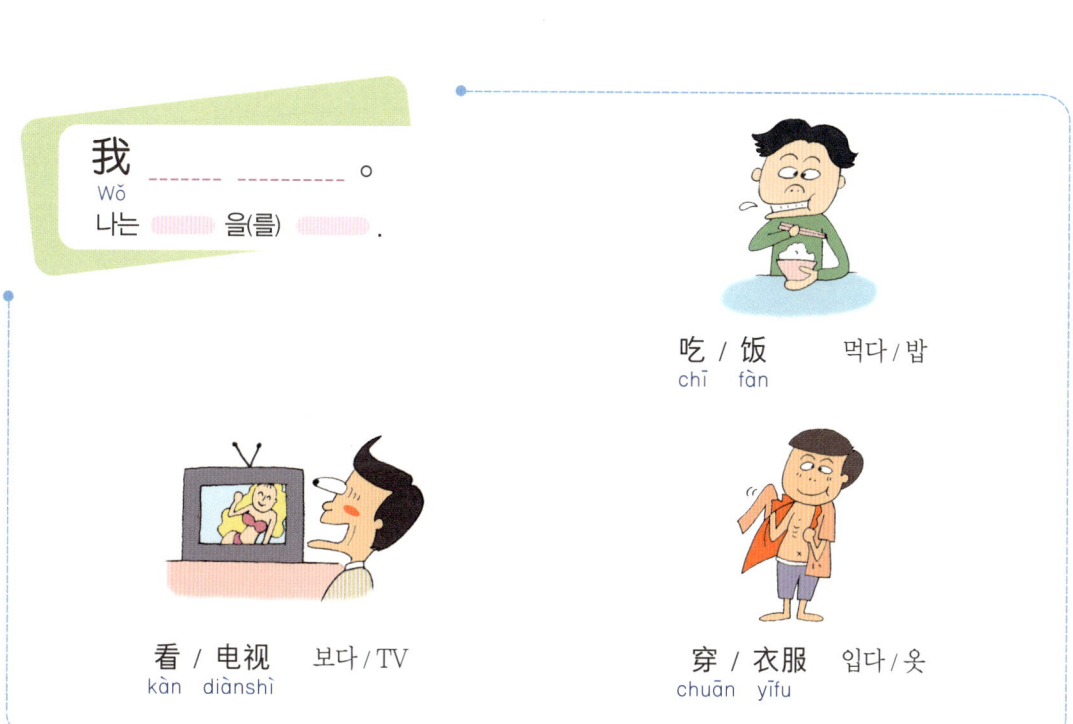

我 ＿＿＿ ＿＿＿ 。
Wǒ
나는 ▨▨▨ 을(를) ▨▨▨ .

吃 / 饭　먹다 / 밥
chī fàn

看 / 电视　보다 / TV
kàn diànshì

穿 / 衣服　입다 / 옷
chuān yīfu

의문문

你 叫 什么 名字?
Nǐ jiào shénme míngzi

당신의 이름은 **무엇입니까?**

누가, 언제, 어디서 등과 같은 의문사를 사용하여 의문문을 만들 수 있는데 의문사를 물어보고자 하는 부분에 넣으면 된다. 이때, 문장 끝에 **吗** ma 는 쓰지 않는다.

什么 shénme 는 **무엇**이라는 뜻의 의문대명사로, 뒤에 명사가 오면 그 말을 꾸며주기도 하는데 이때는 **어떤, 무슨** P66참조 이라는 뜻이 된다.

▶ 名字 míngzi 이름

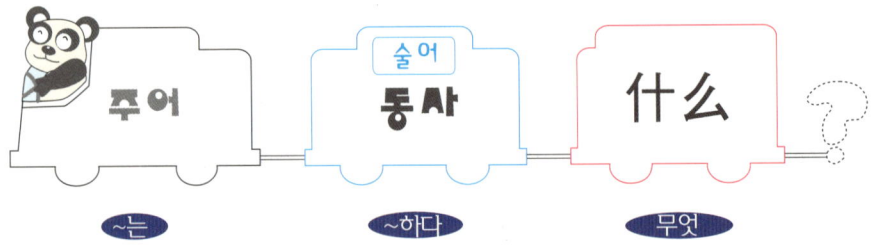

TAPE를 들으며 큰소리로 따라해보자!

苹果 píngguǒ
사과

你吃什么?
Nǐ chī shénme

⇨ ## 我吃苹果。
Wǒ chī píngguǒ

당신은 무엇을 먹습니까?
⇨ 나는 사과를 먹습니다.

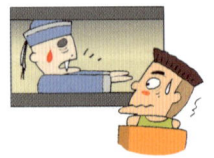

电影 diànyǐng
영화

他看什么?
Tā kàn shénme

⇨ ## 他看电影。
Tā kàn diànyǐng

그는 무엇을 봅니까?
⇨ 그는 영화를 봅니다.

명령문

请 多多 关照。
Qǐng duōduō guānzhào

많이 보살펴 주십시오.

처음 만난 사이에 **잘 부탁드립니다**라는 뜻의 인사말이다.
请 qǐng 은 문장의 맨 앞에서 **~하세요, ~하십시오**라는 뜻으로 부탁,
의뢰, 권고, 제안 등을 나타낸다.

✦ 영어에서처럼 동사로 문장이 시작될 경우, 그 문장은 **명령문**이 된다.

▶ 多多 duōduō 많이
▶ 关照 guānzhào 돌보다

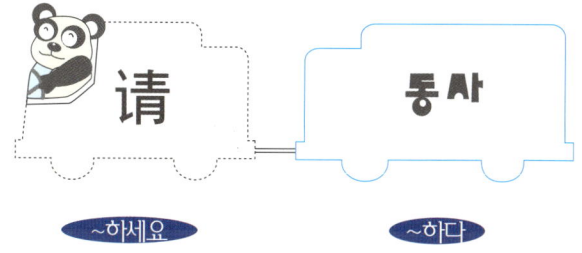

~하세요   ~하다

请 ——————— 。
Qǐng
___세요!

进   들어오다
jìn

坐   앉다
zuò

喝咖啡   커피를 마시다(들다)
hē kāfēi

名字

我叫小英。
저는 시야오잉이라고 합니다.

你 叫 什么 名字?
Nǐ jiào shénme míngzi

我 叫 小英。您 贵 姓?
Wǒ jiào Xiǎoyīng Nín guì xìng

我 姓 李, 我 叫 李正民。
Wǒ xìng Lǐ Wǒ jiào Lǐ zhèngmín

认识 你, 我 很 高兴。
Rènshi nǐ wǒ hěn gāoxìng

认识 你, 我 也 很 高兴。
Rènshi nǐ wǒ yě hěn gāoxìng

请 多多 帮忙。
Qǐng duōduō bāngmáng

● 당신의 이름은 무엇입니까?

♥ 저는 시야오잉이라고 합니다. 당신 성함은 어떻게 됩니까?

● 성은 이씨이고 이정민이라고 합니다.
  만나서 반갑습니다.

♥ 저 또한 만나서 반갑습니다.

● 잘 부탁드립니다.

◎ 이름묻기

 새 단어

叫	jiào	~라고 하다	认识	rènshi	알다
什么	shénme	무엇, 무슨	高兴	gāoxìng	기쁘다
名字	míngzi	이름	请	qǐng	~하세요
贵	guì	귀하다	多多	duōduō	많이
姓	xìng	성, 성씨	帮忙	bāngmáng	도와주다

您贵姓?
Nín guì xìng

상대방의 성씨를 물을 때 성 앞에 **귀하다**라는 의미의 **贵**를 써서 예의를 갖추어 물어본다. 그러나 자신의 성을 말하거나 제3자의 성을 물을 때는 **贵**를 쓰지 않는다.

> 예 我姓金。 나는 김씨입니다.
> Wǒ xìng Jīn
>
> 他姓什么? 그의 성씨는 무엇입니까?
> Tā xìng shénme

认识你很高兴
rènshi nǐ hěn gāoxìng

처음 만났을 때 당신을 알게되어 기쁘다, 즉 **만나서 반갑다**라는 뜻의 인사말로 유사한 표현으로 见到你很高兴。Jiàndào nǐ hěn gāoxìng 이 있다.

> 영어의 Nice to meet you.와 같은 인사말이다.

의문대명사

물어보고자 하는 부분을 대신해서 묻는 말을 **의문 대명사**라고 한다.

누가	무엇, 무슨	어느, 어떤	어디, 어느곳
谁 shéi	什么 shénme	哪 nǎ	哪儿 nǎr / 哪里 nǎli
언제	왜	어떻게, 어떠한	몇, 얼마
什么时候 shénme shíhou	为什么 wèi shénme	怎么(样) zěnme(yàng)	几 jǐ / 多少 duōshao

去 가다
qù
是 ~이다
shì
办 하다
bàn

> 예 你去哪儿? 당신은 어디 갑니까?
> Nǐ qù nǎr
>
> 你是谁? 당신은 누구입니까?
> Nǐ shì shéi
>
> 怎么办? 어떻게 합니까?
> Zěnme bàn

请多多帮忙
Qǐng duōduō bāngmáng

처음 만난 사이에 **잘 부탁합니다**라는 뜻의 인사말이다. 이와 유사한 표현으로 **请多多关照。** Qǐng duōduō guānzhào 등이 있다.

예 请多多关照。 잘 부탁드립니다.
Qǐng duōduō guānzhào

⇨ 彼此，彼此。 피차 일반입니다.(저도 잘 부탁드립니다.)
Bǐcǐ　Bǐcǐ

关照 돌보다
guānzhào

彼此 피차일반
bǐcǐ

일러스트로 알아보는 표현

주요 동사

1-B

去 qù 가다	来 lái 오다	看 kàn 보다	听 tīng 듣다
吃 chī 먹다	喝 hē 마시다	走 zǒu 걷다, 가다	坐 zuò 앉다, 타다
穿 chuān 입다	开 kāi 열다, 켜다	学 xué 배우다	说 shuō 말하다

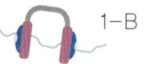 1-B

1 **A** 아래의 한어병음을 읽어보자.

　1_ qǐng 　　　2_ míngzi 　　　3_ shénme 　　　4_ rènshi

B 아래 한자의 한어병음을 각각 쓰고 읽어보자.

　1_ 姓 　　　2_ 叫 　　　3_ 高兴 　　　4_ 帮忙

2 Tape를 듣고 빈 칸에 들어갈 내용과 일치하는 것을 골라보자.

> A : 您贵姓? 　　　　　　　Nín guì xìng
>
> B : ＿＿＿＿＿＿ 。

1_

张 장씨
Zhāng

2_

王 왕씨
Wáng

3_

李 이씨
Lǐ

3 Tape를 듣고 보기에 있는 단어를 이용하여 대화를 완성해보자.

高兴, 叫, 名字, 认识

A : 你 ＿＿ 什么 ＿＿＿ ?

B : 我 ＿＿ 张小英。

A : ＿＿＿ 你, 我很 ＿＿＿ 。

B : ＿＿＿ 你, 我也很 ＿＿＿ 。

이 과에서 배운 주요 한자를 따라 써 보고 중국어로 읽어보자.

贵 guì	贵	贵				
	귀하다					

请 qǐng	请	请				
	청하다, ~하세요					

什么 shénme	什么	什么				
	무엇, 무슨					

认识 rènshi	认识	认识				
	알다					

帮忙 bāngmáng	帮忙	帮忙				
	돕다, 도와주다					

关照 guānzhào	关照	关照				
	돌보다					

정답 1. B 1_ xìng 2_ jiào 3_ gāoxìng 4_ bāngmáng 2. 1_ 我姓张。(Tape)
3. 叫, 名字, 叫, 认识, 高兴, 认识, 高兴

성씨 姓氏

◆ 성씨의 유래

중국은 거대한 인구만큼이나 사용하는 성씨의 종류도 무지 많다.

현재까지 중국 사람이 사용한 적이 있던 성씨만 해도 무려 1만 여 개나 된다고 한다.

이들 성씨는 대개 아래 여러 가지 경로를 통해 중국 땅에 생겨나게 된 것이다.

가장 먼저 사용된 성씨는 지양姜강, 지姬희, 야오姚요씨 성이다. 이 성씨들은 모계 사회에서 시작되었는데 모두 옆에 계집녀(女)를 달고 있는 것을 보면 알 수 있다. 나라 이름을 본딴 것으로는 춘추전국시대의 제후국의 이름인 루鲁노, 진晋진, 쏭宋송, 쩡郑정, 우吳오씨 등이 있다. 봉토이름을 딴 쑤苏소씨, 마을의 이름을 딴 페이裴배, 루陆륙씨가 있고, 거주지 명칭을 딴 치유邱구, 리里리, 예野야, 조상의 이름이나 자에서 본 뜬 것으로 린林임, 황푸皇甫황보가 있으며, 형제의 항렬에서 생겨 난 보伯백, 멍孟맹, 리季이, 관직의 이름에서 생긴 쓰마司马사마, 쓰콩司空사공, 특수한 직업이름에서 무당은 우巫무, 점장이는 뿌卜복, 도공은 타오陶도씨 등이 생겨 났다. 이외에도 소수민족이 한족으로 융합하는 과정에서 생겨난 것과 황제가 성을 새롭게 하사해서 생겨나기도 했다.

◆ 가장 많은 성씨?

중국에서 가장 많은 성씨는 무엇일까?

우리들이 흔히 알고있는 대로 비단장수 王서방처럼 王씨 성일까?

2002년의 조사에 따르면 리季이씨 성이 가장 많은 것으로 나타났고 그다음이 왕王왕씨-장张장씨의 순이다.

중국에서 많이 사용되는 10대 성씨는 다음과 같다.

李 Lǐ	王 Wáng	张 Zhāng	刘 Liú	陈 chén
杨 Yáng	赵 Zhào	黄 Huáng	周 Zhōu	吴 Wú

这是什么?

이것은 무엇입니까?

3과

물건을 가리켜서 묻고 대답하는
간단한 표현과 우리 주변에서 자주
보는 사물의 이름을 알아보자!

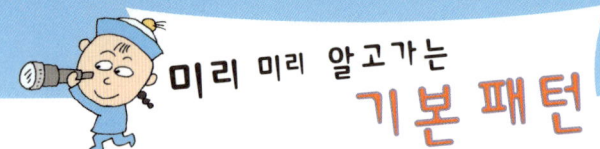

평서문

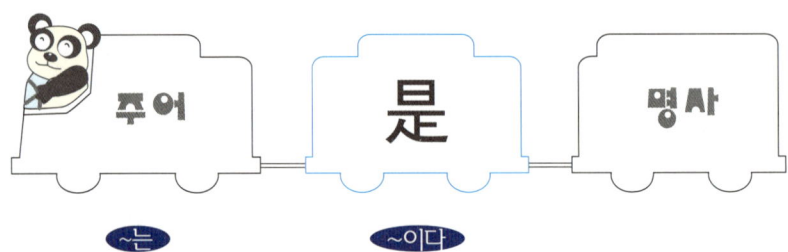

这 是 词典。
Zhè shì cídiǎn

이것은 사전**입니다.**

동사 **是** shì 는 ~이다의 뜻으로 영어의 be동사에 해당한다. 그러나, be 동사처럼 주어의 인칭이나 단·복수, 시제에 따라 변하지 않는다.

➕ 윗 문장의 패턴은 영어의 This is~. 문형에 해당한다.

▶ 这 zhè 이것, 이분
　　나에게 가까운 사물이나
　　사람을 가리키는 지시대명사

▶ 词典 cídiǎn 사전

주어　　　　是　　　　명사

~는　　　　~이다

是
shì

　　　는 　　　입니다.

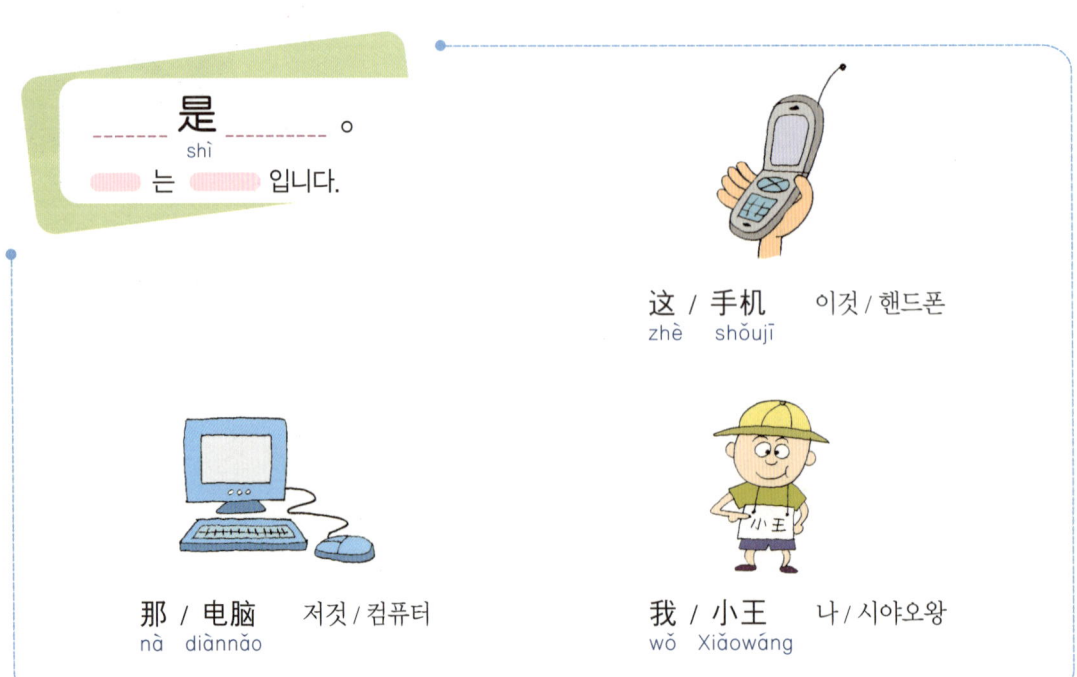

这 / 手机　　이것 / 핸드폰
zhè shǒujī

那 / 电脑　　저것 / 컴퓨터
nà diànnǎo

我 / 小王　　나 / 시야오왕
wǒ Xiǎowáng

1-B

부정문

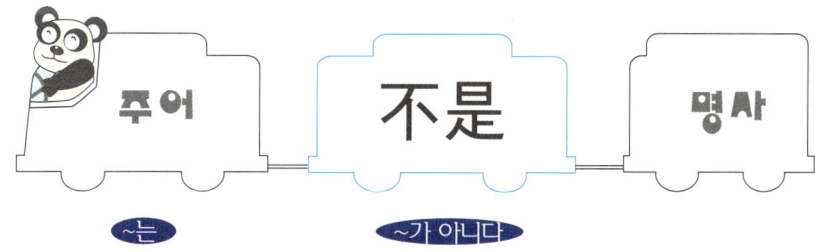

| 那 | **不 是** | 汉语词典。 |

Nà　bú　shì　Hànyǔ cídiǎn

저것은 중국어사전이 **아닙니다.**

부정문을 만들 때는 **동사 앞에** 부정의 뜻을 나타내는 **不** bù 를 넣으면 된다.
따라서 是의 부정은 **不是** búshì **~가 아니다** 이다.

✚ 不는 원래 4성이지만, **是** shì 와 같이 4성이 뒤에 오면 발음이 2성 **bú** 로 변한다.

▶ 那 nà 저것, 저분
　　나에게 조금 먼 쪽에 있는
　　사물이나 사람을 가리키는
　　지시대명사
▶ 汉语 Hànyǔ 중국어

주어　　　不是　　　명사

~는　　　~가 아니다

_____ **不是** _____。
　　 bú shì
⬛ 는 ⬛ 가 아닙니다.

这 / 书　　이것 / 책
zhè shū

那 / 报纸　　저것 / 신문
nà bàozhǐ

他 / 老师　　그 / 선생님
tā lǎoshī

의문문 1

<table>
<tr><td>

这 是 什么?
Zhè shì shénme
</td><td>

이것은 **무엇입니까?**
</td></tr>
<tr><td>

这 是 什么 词典?
Zhè shì shénme cídiǎn
</td><td>

이것은 **무슨** 사전**입니까?**
</td></tr>
</table>

누가, 언제, 어디서 등과 같은 의문사를 사용한 의문문으로 의문사를 물어보고자 하는 부분에 넣으면 된다. 이때, 문장 끝에 **吗** ma 는 쓰지 않는다.
什么 shénme 는 **무엇**이라는 뜻의 의문대명사로, 뒤에 명사가 오면 그 말을 꾸며주기도 하는데 이때 는 **어떤, 무슨**이라는 뜻이 된다.

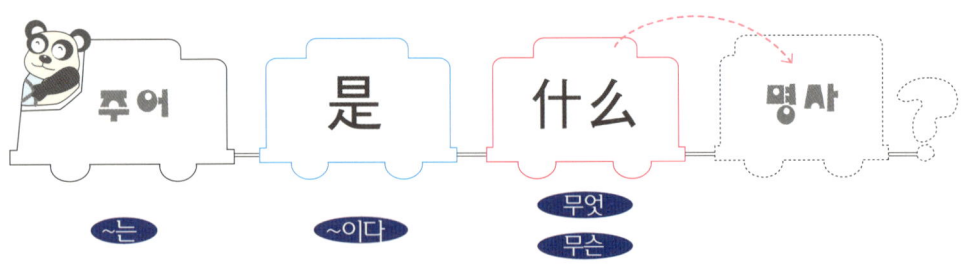

주어	是	什么	명사 ?
~는	~이다	무엇 무슨	

TAPE를 들으며 큰소리로 따라해보자!

中文书 Zhōngwénshū
중국어책

这是**什么**?
Zhè shì shénme
⇨ 这是书。
Zhè shì shū

이것은 무엇입니까?
⇨ 이것은 책입니다.

这是**什么**书?
Zhè shì shénme shū
⇨ 这是中文书。
Zhè shì Zhōngwénshū

이것은 무슨 책입니까?
⇨ 이것은 중국어 책입니다.

의문문 2

那 是 汉语 词典 吗?
Nà shì Hànyǔ cídiǎn ma

那 是 不是 汉语 词典?
Nà shì bu shì Hànyǔ cídiǎn

저것은 중국어 사전**입니까?**

의문문을 만들 때는 첫번째 문장과 같이 가장 일반적인 방법인 문장 끝에
우리말의 ~까?에 해당하는 **吗**를 쓰는 방법이 있고
두번째 문장과 같이 긍정+부정의 반복의문문으로 물어보는 방법이 있다.

▶ 吗 ma ~까?
▶ 不 bù ~이 아니다

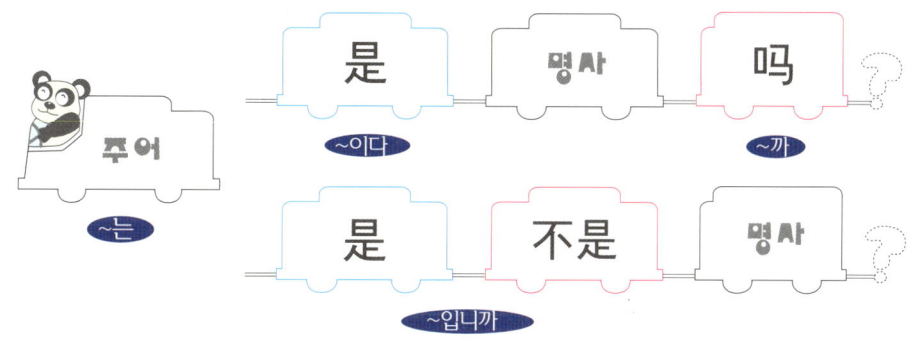

TAPE를 들으며 큰소리로 따라해보자!

照片 zhàopiàn
사진

铅笔 qiānbǐ
연필

这是照片吗?
Zhè shì zhàopiàn ma

这是不是照片?
Zhè shì bu shì zhàopiàn

이것은 사진입니까?

那是铅笔吗?
Nà shì qiānbǐ ma

那是不是铅笔?
Nà shì bu shì qiānbǐ

저것은 연필입니까?

事物

这是什么?
이것은 무엇입니까?

这 是 什么?
Zhè shì shénme

这 是 词典。
Zhè shì cídiǎn

这 是 什么 词典?
Zhè shì shénme cídiǎn

这 是 汉语 词典。
Zhè shì Hànyǔ cídiǎn

那 也 是 汉语 词典 吗?
Nà yě shì Hànyǔ cídiǎn ma

那 不是 汉语 词典, 是 英语 词典。
Nà búshì Hànyǔ cídiǎn shì Yīngyǔ cídiǎn

■ 이것은 무엇입니까?

■♥ 이것은 사전입니다.

■ 이것은 무슨 사전입니까?

♥ 이것은 중국어 사전입니다.

■ 저것도 역시 중국어 사전입니까?

♥ 저것은 중국어 사전이 아닙니다.
  영어 사전입니다.

❖ 서점

 새 단어

2-A

这	zhè	이, 이것	汉语	Hànyǔ	중국어
是	shì	~이다	那	nà	저, 저것
词典	cídiǎn	사전	英语	Yīngyǔ	영어

什么
shénme

무엇이라는 뜻의 의문대명사로, 영어의 what에 해당한다. 단독으로 쓰일 때는 무엇이라는뜻이고 뒤에 명사가 오면 그 명사를 꾸며 주어 무슨, 어떤이라는 뜻으로 쓰인다.

예 这是什么?　　　　　　이것은 무엇입니까?
Zhè shì shénme

⇨ 这是铅笔。　　　　　　이것은 연필입니다.
Zhè shì qiānbǐ

那是什么?　　　　　　저것은 무엇입니까?
Nà shì shénme

⇨ 那是本子。　　　　　　저것은 노트입니다.
Nà shì běnzi

那是什么本子?　　　　저것은 무슨 노트입니까?
Nà shì shénme běnzi

⇨ 那是汉字本子。　　　저것은 한자 노트입니다.
Nà shì Hànzì běnzi

铅笔　연필
qiānbǐ

本子　노트
běnzi
汉字　한자
Hànzì

> 这是~?로 물어보면 这是~。로 대답하고 那是~?로 물어보면 那是~。로 대답하면 된다.

● 지시대명사

사람이나 사물을 지시해서 가리키는 말을 지시 대명사라고 한다.

이. 이것. 이분	저. 저것. 저분	어느 것
这　zhè	那　nà	哪　nǎ
이쪽. 여기	저쪽. 저기	어느 쪽. 어디
这儿　zhèr 　这里　zhèli	那儿　nàr 　那里　nàli	哪儿　nǎr 　哪里　nǎli

- 这는 일반적으로 나에게 가까운 쪽, 那는 먼 쪽을 가리킬때 사용
- 这, 那, 哪는 회화체에서는 주로 zhèi, nèi, něi로 발음

是 · 不是
shì búshì

是가 들어가는 의문문에서 영어의 yes, no처럼 **네**, **아니요**로 답할 때는 긍정의
대답은 **是**, 부정의 대답은 **不是**이라고 하면 된다.

예 你是学生吗?
Nǐ shì xuésheng ma
당신은 학생입니까?

⇨ **是**。
Shì
네.

这是报纸吗?
Zhè shì bàozhǐ ma
이것은 신문입니까?

⇨ **不是**, 这是杂志。
Bú shì zhè shì zázhì
아니오, 이것은 잡지입니다.

学生 학생
xuésheng

报纸 신문
bàozhǐ

杂志 잡지
zázhì

일러스트로 알아보는 표현

사물

2-A

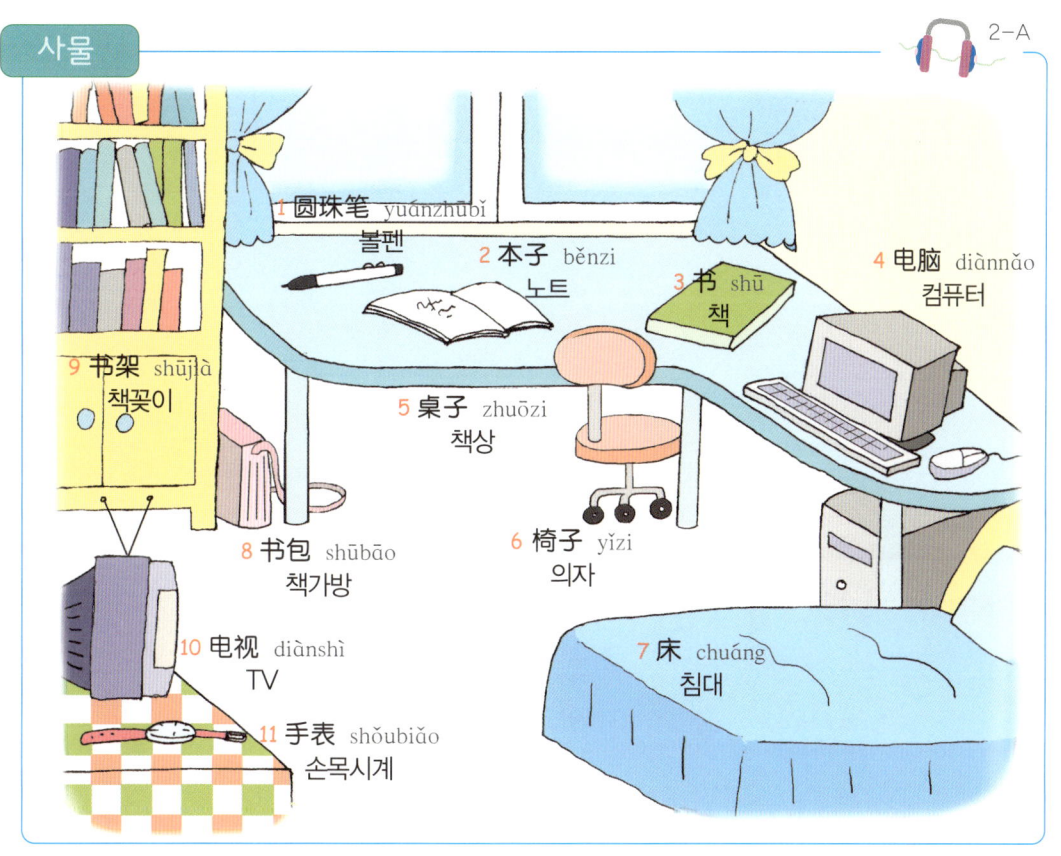

1 圆珠笔 yuánzhūbǐ
볼펜

2 本子 běnzi
노트

3 书 shū
책

4 电脑 diànnǎo
컴퓨터

9 书架 shūjià
책꽂이

5 桌子 zhuōzi
책상

6 椅子 yǐzi
의자

8 书包 shūbāo
책가방

7 床 chuáng
침대

10 电视 diànshì
TV

11 手表 shǒubiǎo
손목시계

 2-A

1 A 아래의 한어병음을 읽어보자.

1_ shì   2_ zhè   3_ shū   4_ cídiǎn

B 아래 한자의 한어병음을 각각 쓰고 읽어보자.

1_ 什么   2_ 不是   3_ 汉语   4_ 英语

2 Tape를 듣고 빈 칸에 들어갈 내용과 일치하는 것을 골라보자.

> A : 这是什么?   Zhè shì shénme
>
> B : ⬜⬜⬜⬜ 。

1_

书 책
shū

2_

杂志 잡지
zázhì

3_

手机 핸드폰
shǒujī

3 Tape를 듣고 보기에 있는 단어를 이용하여 대화를 완성해보자.

是, 词典, 什么, 汉语

A : 这 ⬜ ⬜ ?

B : 这 ⬜ ⬜ 。

A : 这 ⬜ ⬜ 词典?

B : 这 ⬜ ⬜ 词典。

이 과에서 배운 주요 한자를 따라 써 보고 중국어로 읽어보자.

这 zhè	这	这			
	이것				

书 shū	书	书			
	책				

笔 bǐ	笔	笔			
	붓, 필기도구				

词典 cídiǎn	词典	词典			
	사전				

汉语 Hànyǔ	汉语	汉语			
	중국어				

英语 Yīngyǔ	英语	英语			
	영어				

정답 1. B 1. shénme 2. búshì 3. Hànyǔ 4. Yīngyǔ   2. 1. 这是书。(Tape)
3. 是, 什么, 是, 词典, 是, 什么, 是, 汉语

음식

◆ 4대 요리

중국은 음식천국이라고 불릴 만큼 많은 재료와 요리법으로 요리의 종류가 매우 다양하다.
중국을 대표하는 요리를 크게 베이징 요리, 쓰촨 요리, 광뚱 요리, 샹하이 요리 등 4가지로 분리할 수 있는
데 이를 4대 중국요리라고 한다.

⊙ 北京菜 베이징요리

수도인 베이징을 중심으로 주로 궁중요리 등 고급요리가 발달했다.
좋은 재료를 사용하고 보기 좋게 장식하는 것이 특징이다.
대표적인 것은 밀가루를 이용한 만두, 찐빵, 국수등과 육류(오리, 돼지,
닭)요리이다.
유명한 요리로는 베이징 카오야 북경오리구이 등이 있다.

⊙ 四川菜 쓰촨요리

매운맛으로 유명하고 색채와 맛이 매우 강한 편이다.
지형상의 특징상 부패하는 것을 막기 위하여 향신료가 발달하였고 강한 양념을
사용한 매운맛이 특징으로 우리나라 사람의 입맛에도 잘 맞는다.
유명한 요리로는 마파또푸 마파두부와 훼이궈로우 회과육 등이 있다.

⊙ 广东菜 광뚱요리

일반적으로 전세계에 보편적으로 널리 알려진 중국음식이 광뚱요리이며
뱀, 고양이, 고슴도치, 유충 등 모든 재료를 사용하는 것으로도 유명하다.
유명한 요리로는 상어지느러미스프, 뱀요리 등이 있다.

⊙ 上海菜 샹하이요리

해산물을 이용한 요리가 많으며 지방 특유의 소스를 사용하여 맛이 비교적
담백하고 기름기가 많으며 진하다.
유명한 요리로는 민물 게요리, 장어요리 등이 있다.

▶나라

你是哪国人?

당신은 어느 나라 사람입니까?

4과

여러가지 의문문을 만드는 방법을
각각 알아보고 세계 여러 나라의
이름을 살펴보자!

미리 미리 알고가는 기본패턴

吗를 사용하는 의문문

你 是 中国人 吗?
Nǐ shì Zhōngguórén ma

당신은 중국사람입니까?

가장 일반적인 의문문으로 평서문의 끝에 우리말의 ~까?에 해당하는 吗 ma 를 붙이면 된다. 말할 때 끝을 약간 올려서 읽어준다.

＋ 대답할 때는 의문문에 사용된 술어를 그대로 사용해서 대답한다.

▶ 中国 Zhōngguó 중국
　中国人 Zhōngguórén 중국사람

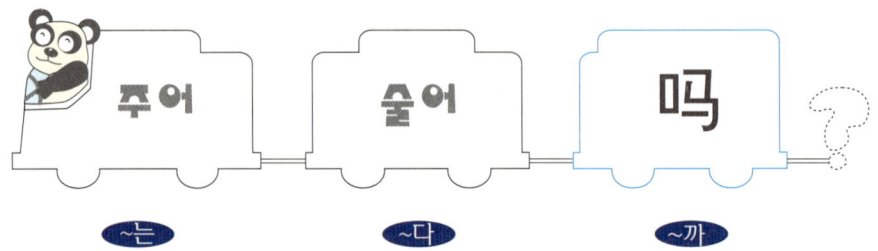

주어 （~는）　　술어 （~다）　　吗 （~까）

你是 ＿＿＿ 吗?
Nǐ shì 　　　　 ma
당신은 ▨▨▨ 입니까?

韩国人 한국사람
Hánguórén

日本人 일본사람
Rìběnrén

美国人 미국사람
Měiguórén

2-A

의문사를 사용하는 의문문

你 是 **哪** 国 人?
Nǐ shì Nǎ guó rén

당신은 **어느** 나라 사람입니까?

누구, 무엇, 어디 등의 의문대명사를 사용하여 물어보는 의문문으로 문장
끝에 의문조사 **吗**는 쓰지 않는다.

➕ 의문사의 위치는 질문하는 사람이 묻고자 하는 부분에 놓으면 된다.

▶ 哪 nǎ 어느 의문대명사
▶ 国 guó 나라
▶ 人 rén 사람

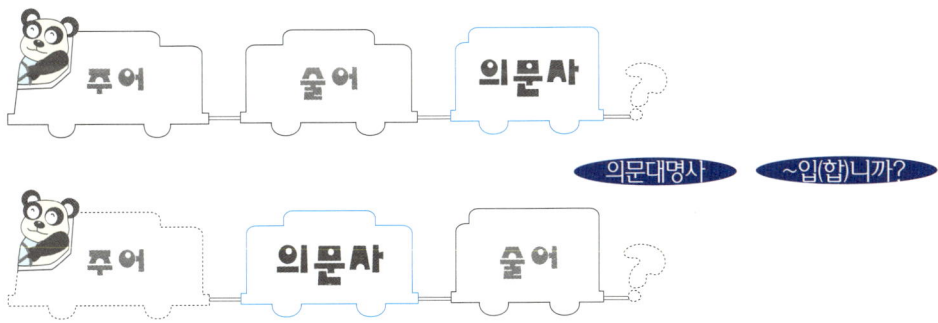

주어   술어   의문사 ?

의문대명사   ~입(합)니까?

주어   의문사   술어 ?

TAPE를 들으며 큰소리로 따라해보자!

谁 shéi
누구

谁来?
Shéi lái

他是谁?
Tā shì Shéi

누가 옵니까?
그는 누구입니까?

哪儿 nǎr
어디

你去哪儿?
Nǐ qù nǎr

哪儿不舒服?
Nǎr bù shūfu

당신은 어디에 갑니까?
어디가 불편하십니까?

반복의문문

你 是 不是 韩国人?
Nǐ shì bu shì Hánguórén

당신은 한국사람 **입니까, 아닙니까?**

술어(형용사 or 동사)의 긍정형과 부정형을 긍정＋부정의 순서로 나열하여 의문문을 만들 수 있는데 이러한 의문문을 반복의문문이라고 한다.

➕ 不는 원래 4성이지만, 위와 같이 반복의문문에서는 경성 bu로 발음한다.

▸ 韩国 Hánguó   한국
  韩国人 Hánguórén
                한국사람

주어   긍정   부정 ?

~는   ~입(합)니까?   ~아닙니까?

你 ＿＿＿＿＿ ＿＿＿＿＿?
Nǐ
당신은 〰〰〰 니까, 〰〰〰 니까?

忙 / 不忙 바쁘다 / 바쁘지 않다
máng bù máng

去 / 不去 가다 / 가지 않다
qù bú qù

买 / 不买 사다 / 사지 않다
mǎi bù mǎi

선택의문문

他 是 中国人 **还是** 韩国人?
Tā shì Zhōngguórén háishi Hánguórén

그는 중국사람입니까, **아니면** 한국사람입니까?

답이 될 수 있는 2개의 상황 중 하나를 선택하게 할 때 접속사 **还是** háishi 로 연결하여 의문문을 만든다.

▶ 还是 háishi 또는, 아니면

➕ 이와 같은 의문문을 선택의문문이라고 한다.

A **还是** B ?

또는, 아니면

你 _____ **还是** _____ ?
Nǐ   háishi
당신은   아니면   까?

喝咖啡 / 喝茶
hē kāfēi   hē chá
커피를 마시다 / 차를 마시다

喜欢红色 / 喜欢白色
xǐhuan hóngsè xǐhuan báisè
빨간색을 좋아하다 / 하얀색을 좋아하다

国家

你是哪国人？

당신은 어느 나라 사람입니까?

你 是 中国人 吗？
Nǐ shì Zhōngguórén ma

是, 我 是 中国人。你 是 哪 国 人？
Shì wǒ shì Zhōngguórén Nǐ shì nǎ guó rén

我 是 韩国人。
Wǒ shì Hánguórén

他 是 韩国人 还是 中国人？
Tā shì Hánguórén háishi Zhōngguórén

他 也 是 韩国人。
Tā yě shì Hánguórén

你们 都 是 韩国人 吗？
Nǐmen dōu shì Hánguórén ma

有的 是 韩国人, 有的 是 中国人。
Yǒu de shì Hánguórén yǒu de shì Zhōngguórén

- 당신은 중국사람입니까?

♥ 네, 중국사람입니다. 당신은 어느 나라 사람입니까?

- 저는 한국사람입니다.

♥ 그는 한국사람입니까, 아니면 중국사람입니까?

- 그도 역시 한국사람입니다.

♥ 당신들은 모두 한국사람입니까?

- 어떤 사람들은 한국사람이고 어떤 사람은 중국사람입니다.

● 공항 내

 새 단어

2-A

中国人	Zhōngguórén	중국사람	韩国人	Hánguórén	한국사람
哪	nǎ	어느	还是	háishi	또는, 아니면
国	guó	나라	都	dōu	모두
人	rén	사람	有的	yǒu de	어떤 것, 어떤 사람

제 4과 你是哪国人? 81

哪
nǎ

어느, 어디라는 뜻의 의문대명사로 **哪儿 nǎr 어디, 哪个 nǎ ge 어느 것** 등과 같이 뒤에 다른 말을 붙여서 불특정한 장소나 사람, 사물 등을 가리키는 의문대명사로 사용된다.

位 ~분
wèi

生 태어나다
shēng

예 **你是哪一位?**
Nǐ shì nǎ yí wèi
당신은 어떤 분입니까?(누구십니까)

他是哪年生的?
Tā shì nǎ nián shēng de
그는 몇 년 생입니까?

都
dōu

전부, 모두라는 의미를 나타내는 부사이다.

的 ~의
de

有 ~이 있다
yǒu

예 **这都是你的吗?**
Zhè dōu shì nǐ de ma
이것은 모두 당신의 것입니까?

都有什么?
Dōu yǒu shénme
모두 무엇이 있습니까?

的는 ~의라는 뜻이지만 뒤의 명사가 생략될 경우 ~의 것, ~한 것 이라는 의미를 나타낸다.

有的
yǒude

어떤 것, 어떤 사람이라는 뜻의 대명사로 대개 반복적으로 **有的~, 有的~。** yǒude yǒude 의 형태로 사용된다.

学生 학생
xuésheng

老师 선생님
lǎoshī

예 **有的好, 有的不好。**
Yǒude hǎo yǒude bù hǎo
어떤 것은 좋고 어떤 것은 좋지 않습니다.

有的是学生, 有的是老师。
Yǒude shì xuésheng yǒude shì lǎoshī
어떤 사람은 학생이고 어떤 사람은 선생님입니다.

☀️ **일러스트**로 알아보는 표현

나라

🎧 2-A

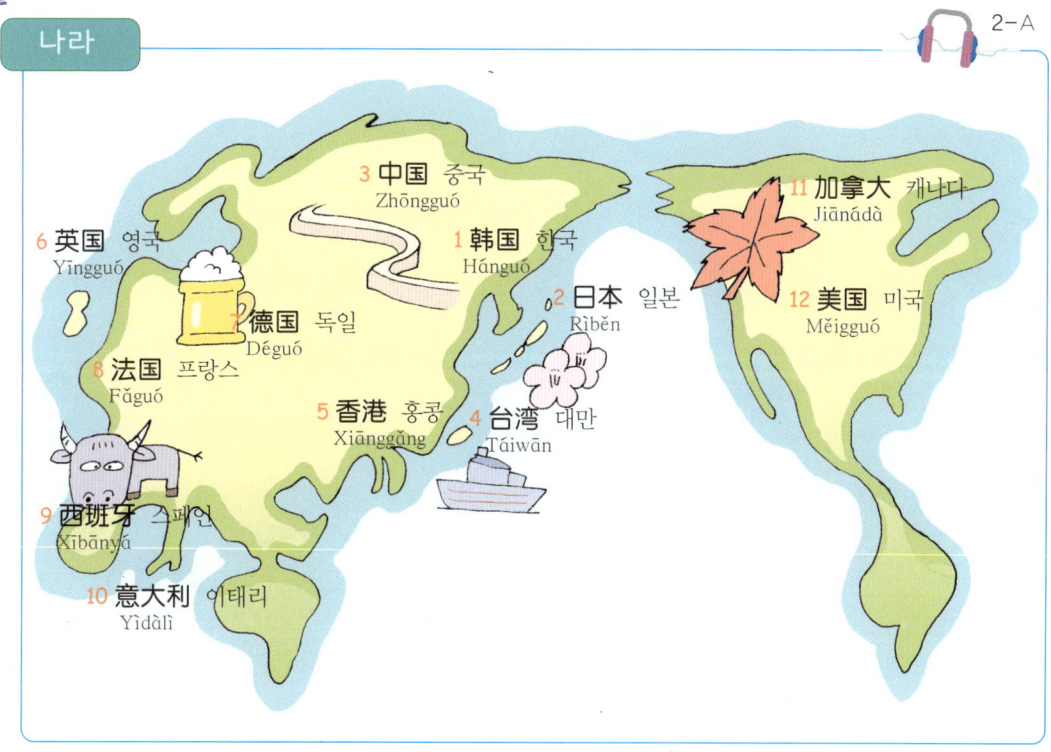

3 中国 중국
Zhōngguó

11 加拿大 캐나다
Jiānádà

6 英国 영국
Yīngguó

1 韩国 한국
Hánguó

7 德国 독일
Déguó

2 日本 일본
Rìběn

12 美国 미국
Měigguó

8 法国 프랑스
Fǎguó

5 香港 홍콩
Xiānggǎng

4 台湾 대만
Táiwān

9 西班牙 스페인
Xībānyá

10 意大利 이태리
Yìdàlì

제 4과 你是哪国人？ 83

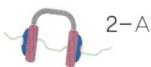

다시 또 다시 될 때까지 회화연습

1 **A** 아래의 한어병음을 읽어보자.

1_ rén   2_ dōu   3_ Zhōngguó   4_ Rìběn

B 아래 한자의 한어병음을 각각 쓰고 읽어보자.

1_ 哪   2_ 韩国   3_ 还是   4_ 有的

2 Tape를 듣고 빈 칸에 들어갈 내용과 일치하는 것을 골라보자.

> A : 你是哪国人?   Nǐ shì nǎ guó rén
>
> B : ⬚⬚⬚⬚⬚⬚⬚ 。

1_

韩国人 한국사람
Hánguórén

2_

中国人 중국사람
Zhōngguórén

3_

日本人 일본사람
Rìběnrén

3 Tape를 듣고 보기에 있는 단어를 이용하여 대화를 완성해보자.

还是, 韩国人, 中国人

A : 你是 ⬚⬚⬚⬚ 吗?

B : 是，我是中国人。

A : 他是 ⬚⬚⬚ ⬚⬚ ⬚⬚⬚ ?

B : 他是 ⬚⬚⬚ 。

이 과에서 배운 주요 한자를 따라 써 보고 중국어로 읽어보자.

国 guó	国	国			
	나라				

谁 shéi	谁	谁			
	누구				

韩国 Hánguó	韩国	韩国			
	한국				

中国 Zhōngguó	中国	中国			
	중국				

还是 Háishi	还是	还是			
	또는. 아니면				

哪儿 nǎr	哪儿	哪儿			
	어디, 어느 곳				

정답　1. B 1_ nǎ 2_ Hánguó 3_ háishi 4_ yǒude　2. 3_ 我是日本人。(Tape)
3. 中国人, 韩国人 (or 中国人), 还是, 中国人 (or 韩国人), 韩国人

中国 중국이야기

지도

N
S
黑龙江省
헤이룽지앙
吉林省
지린
辽宁省
랴오닝
北京
베이징
内蒙古
네이멍꾸(내몽고)
新疆
신지앙
河北省
허뻬이
天津
티앤진
青海省
칭하이
宁夏
닝시아
山西省
산시
山东省
산똥
甘肃省
깐쑤
陕西省
샤시
河南省
허난
江苏省
지앙쑤
西藏
시짱-티베트
安徽省
안훼이
上海
샹하이
四川省
쓰촨
湖北省
후뻬이
重庆
충칭
浙江省
져지앙
湖南省
후난
江西省
지앙시
贵州省
꿰이죠우
福建省
푸지앤
云南省
윈난
广西
광시
广东省
광똥
台湾
타이완(대만)
香港
샹강(홍콩)
澳门
아오먼
海南省
하이난

- **국 가 명** 中华人民共和国 중화인민공화국
- **국　　기** 五星红旗 오성홍기
  큰 별은 중국 공산당, 작은 네 별은 각각 노동자, 농민, 소 브르조아, 민족 브르조아 상징
- **면　　적** 약 960만㎢ 한반도의 약 44배
- **인　　구** 약 13억 세계 1위
- **민　　족** 한족과 55개의 소수 민족
- **행정구역** 4개직할시, 22개성, 5개자치구, 2개특별자치구
  중국은 대만을 23번째 省으로 간주
- **우리나라와의 시차** -1시간

▶가족

我家有四口人。

우리 가족은 네 식구입니다.

5과

가족을 소개하는 표현을 알아보고
지금까지 배운 문장을 응용하여
각자 자신의 가족을 소개해보자!

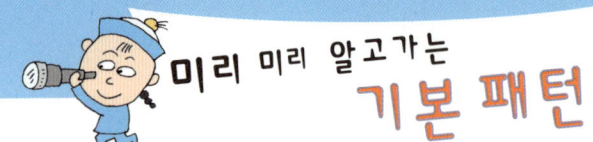

미리 미리 알고가는
기본 패턴

有가 들어가는 문장

평서문

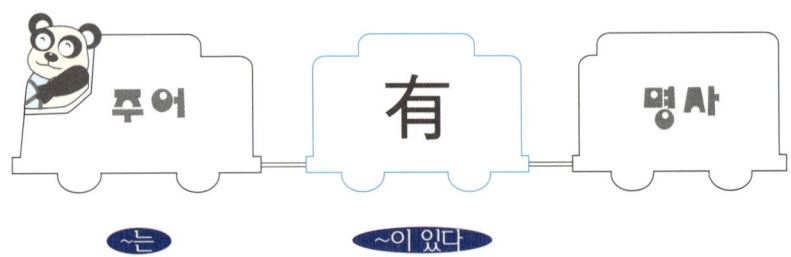

我 家 有 四 口 人。
Wǒ jiā yǒu sì kǒu rén

우리집은 네 명의 식구가 **있습니다.**

동사 **有** yǒu 는 ~이 있다라는 뜻으로 존재나 소유의 의미를 나타내며
주어의 인칭이나 단·복수, 시제에 따라서 변하지 않는다.

➕ **口** kǒu 는 ~식구라는 뜻의 식구수를 셀 때 사용하는 양사제 6과 참조 이다.

▶ 家 jiā 집
▶ 四 sì 4, 넷
▶ 口 kǒu ~명, ~식구 양사

我家有＿＿＿＿＿。
Wǒ jiā yǒu
우리 집은 　　　 가 있습니다.

三口人　　세 식구
sān kǒu rén

五口人　　다섯 식구
wǔ kǒu rén

六口人　　여섯 식구
liù kǒu rén

2-A

부정문

我 没 有 兄弟。　　　　나는 형제가 **없습니다**.
Wǒ méi yǒu xiōngdì

有 앞에 부정의 뜻을 나타내는 没 méi 를 넣어서 **~이 없다**라는 뜻의 부정문
을 만든다. **不有**라고 하지 않는 점을 꼭 기억하자!

▶ 没有 méiyǒu 없다
▶ 兄弟 xiōngdì 형제

주어　　　　没有　　　　명사

~는　　　　~가 없다

我没有 _____ 。
Wǒ méi yǒu
나는 　　　 가 없습니다.

姐姐　　언니, 누나
jiějie

男朋友　　남자친구
nán péngyou

手表　　손목시계
shǒubiǎo

你家 有 几 口 人?
Nǐ jiā yǒu jǐ kǒu rén
당신 집은 **몇** 식구가 **있습니까?**

几 jǐ 는 **몇, 얼마**라는 뜻의 수량을 묻는 의문대명사로, 10이하의 적은 수를 물을 때 사용한다.

➕ 우리말에서 사람이나 사물을 셀 때 ~명, ~개와 같은 단위를 사용하는 것처럼 중국어에서도 **양사**제 6과 참조를 사용해 수량을 센다.

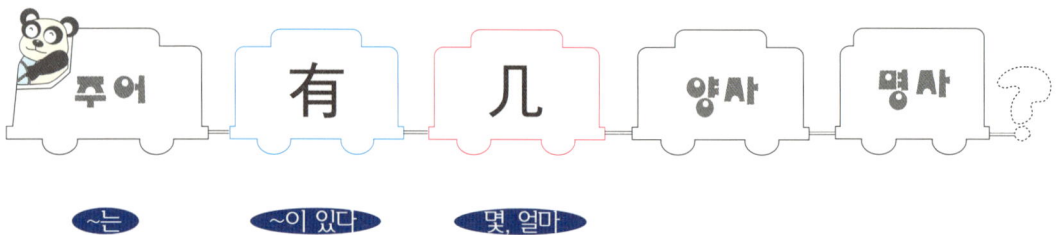

주어	有	几	양사	명사
~는	~이 있다	몇, 얼마		

你有几个_____?
Nǐ yǒu jǐ ge
당신은 몇 개(명)의 ▨▨ 가 있습니까?

哥哥 오빠
gēge

朋友 친구
péngyou

书包 가방
shūbāo

의문문 2

你 **有** 弟弟 **吗**?
Nǐ yǒu dìdi ma

당신은 남동생이 **있습니까**?

你 **有 没有** 弟弟?
Nǐ yǒu méiyǒu dìdi

문장 끝에 우리말의 **~까?**에 해당하는 **吗**를 써서 물어볼 수도 있고 긍정+부정 의 반복의문문으로 물어볼 수도 있다.

▶ 弟弟 dìdi 남동생

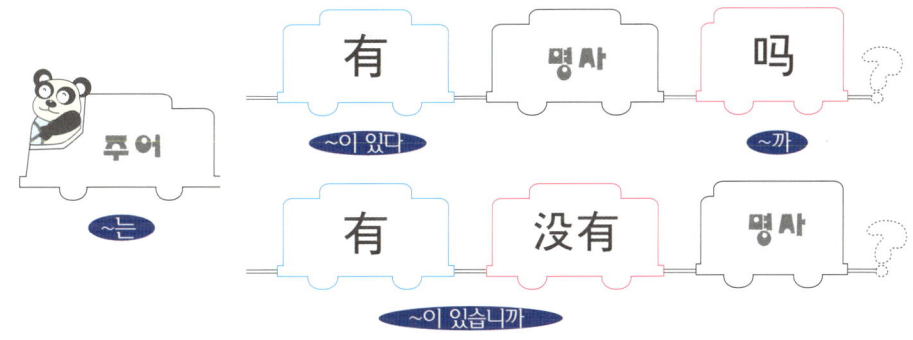

TAPE를 들으며 큰소리로 따라해보자!

汽车 qìchē
자동차

你**有**汽车**吗**?
Nǐ yǒu qìchē ma

你**有没有**汽车?
Nǐ yǒu méiyou qìchē

당신은 자동차가 있습니까?

孩子 háizi
아이

她**有**孩子**吗**?
Tā yǒu háizi ma

她**有没有**孩子?
Tā yǒu méiyou háizi

그는 아이가 있습니까?

我家有四口人。

우리 가족은 네 식구입니다.

你 家 有 几 口 人?
Nǐ jiā yǒu jǐ kǒu rén

我 家 有 四 口 人, 爸爸、妈妈、弟弟 和 我。
Wǒ jiā yǒu sì kǒu rén bàba māma dìdi hé wǒ

你家 呢?
Nǐ jiā ne

三 口 人。
Sān kǒu rén

你 有 没有 兄弟?
Nǐ yǒu méiyou xiōngdì

我 没有 兄弟。你 弟弟 今年 多 大?
Wǒ méiyou xiōngdì Nǐ dìdi jīnnián duō dà

他 今年 十八 岁。
Tā jīnnián shíbā suì

● 당신 집은 몇 명의 식구가 있습니까?

♥ 우리 집은 아빠, 엄마, 남동생 그리고 저, 네 명이 있습니다.
당신집은요?

● 세 식구입니다.

♥ 당신은 형제가 있습니까, 없습니까?

● 저는 형제가 없습니다.
당신 남동생은 올해 몇 살입니까?

♥ 제 남동생은 열 여덟살입니다.

○ 가족

새 단어

2-A

有	yǒu	~이 있다	和	hé	그리고
几	jǐ	몇, 얼마	兄弟	xiōngdì	형제
口	kǒu	~명, ~식구 양사	今年	jīnnián	올해
爸爸	bàba	아버지	多大	duōdà	몇 살인가
妈妈	māma	어머니	十八	shíbā	18, 열 여덟
弟弟	dìdi	남동생	岁	suì	~살

几
jǐ

몇, 얼마라는 뜻의 의문대명사로, 보통 10이하의 적은 수량을 물을 때 사용한다.

예 你有几个妹妹?
Nǐ yǒu jǐ ge mèimei
당신은 몇 명의 여동생이 있습니까?

你女儿今年几岁?
Nǐ nǚ'ér jīnnián jǐ suì
당신 딸은 올해 몇 살입니까?

几岁?는 10세 미만의 아이에게 나이를 묻는 표현이다.

妹妹 여동생
mèimei

个 ~개,명
ge

女儿 딸
nǚ'ér

口
kǒu

~식구, ~명이라는 뜻의 가족의 수를 셀 때 쓰는 양사이다.

예 他家有几口人?
Tā jiā yǒu jǐ kǒu rén
그의 가족은 몇 식구입니까?

➪ 他家有六口人。
Tā jiā yǒu liù kǒu rén
그의 가족은 여섯 식구입니다.

和
hé

~와(과)라는 뜻의 단어들을 나열할 때 쓰는 접속사이다. 셋 이상의 단어를 나열할 경우에는 제일 끝에 있는 단어앞에만 한 번 쓰고 다른 단어 사이에는 모점 、을 붙여준다.

예 爸爸、妈妈和我
bàba mā ma hé wǒ
아버지, 어머니 그리고 나

숫자읽기 1~10

우리말의 일, 이, 삼, 사…와 같다.

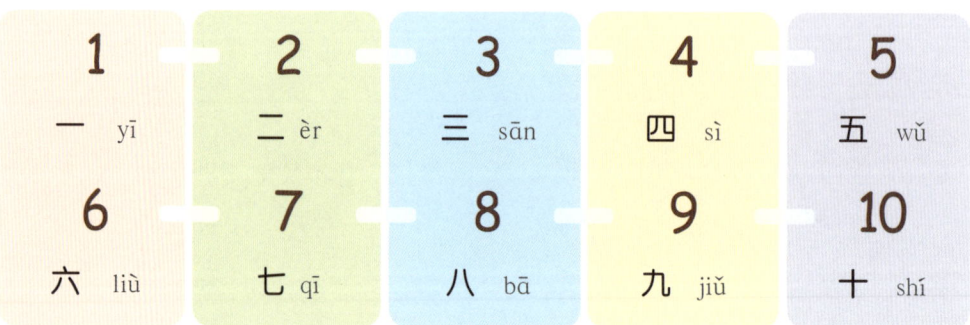

1	2	3	4	5
一 yī	二 èr	三 sān	四 sì	五 wǔ
6	7	8	9	10
六 liù	七 qī	八 bā	九 jiǔ	十 shí

多大
duō dà

얼마나 큰가(나이가 얼마나 많은가)라는 의미로 동년배나 자기보다 어린 사람의 나이를 물을 때 쓴다.
어린 아이의 나이를 물을 때는 几岁? Jǐ suì, 자기보다 나이가 많은 사람에게 격식을 차려서 물어볼 때는 多大年纪? duōdà niánjì 라고 한다.

예 你今年几岁?
Nǐ jīnnián jǐ suì
올해 몇 살이니? 어린 아이

你今年多大?
Nǐ jīnnián duō dà
올해 나이가 어떻게 됩니까? 동년배

您今年多大年纪?
Nín jīnnián duō dà niánjì
올해 연세가 어떻게 되십니까? 어른

年纪　나이
niánjì

일러스트로 알아보는 표현

가족

2-A

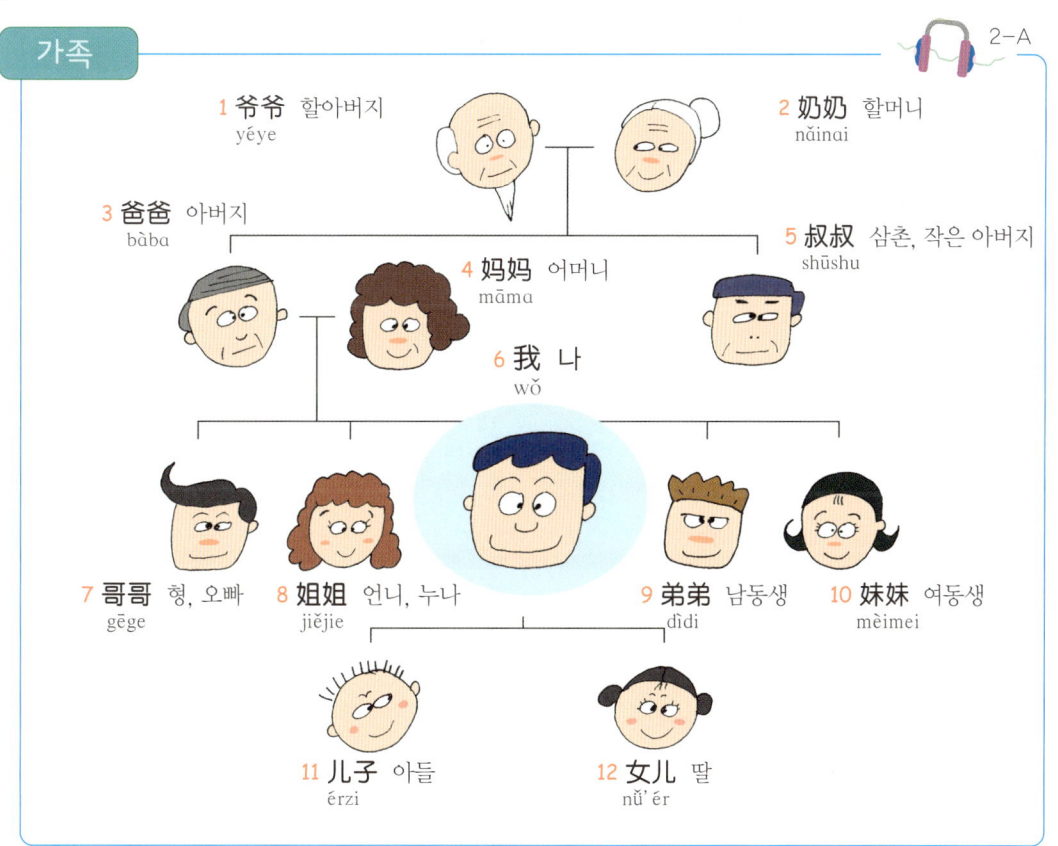

1 爷爷 할아버지
yéye

2 奶奶 할머니
nǎinai

3 爸爸 아버지
bàba

4 妈妈 어머니
māma

5 叔叔 삼촌, 작은 아버지
shūshu

6 我 나
wǒ

7 哥哥 형, 오빠
gēge

8 姐姐 언니, 누나
jiějie

9 弟弟 남동생
dìdi

10 妹妹 여동생
mèimei

11 儿子 아들
érzi

12 女儿 딸
nǚ'ér

 2-A

1 A 아래의 한어병음을 읽어보자.

　　1_ bàba　　　2_ māma　　　3_ dìdi　　　4_ xiōngdì

B 아래 한자의 한어병음을 각각 쓰고 읽어보자.

　　1_ 有　　　　2_ 岁　　　　3_ 今年　　　　4_ 没有

2 Tape를 듣고 빈 칸에 들어갈 내용과 일치하는 것을 골라보자.

> A ： 你家有几口人?　　　　Nǐ jiā yǒu jǐ kǒu rén
>
> B ：　　　　　　　　　　　。

1_

三口人　　세 식구
sān kǒu rén

2_

四口人　　네 식구
sì kǒu rén

3_

五口人　　다섯 식구
wǔ kǒu rén

3 Tape를 듣고 보기에 있는 단어를 이용하여 대화를 완성해보자.

有, 几, 四, 妈妈, 弟弟

A ： 你家 　　　 　　　 口人?

B ： 　　　 口人。

A ： 都 　　　 谁?

B ： 有爸爸、 　　　 、 　　　 和我。

이 과에서 배운 주요 한자를 따라 써 보고 중국어로 읽어보자.

几 jǐ	几	几			
	몇, 얼마				

岁 suì	岁	岁			
	~세, ~살				

个 ge	个	个			
	~개, ~명				

没有 méiyǒu	没有	没有			
	~이 없다				

妈妈 māma	妈妈	妈妈			
	엄마				

年纪 niánjì	年纪	年纪			
	나이				

정답 1. B 1_ yǒu 2_ suì 3_ jīnnián 4_ méiyǒu   2. 1_ 我家有三口人。(Tape)
3. 有, 几, 四, 有, 妈妈, 弟弟

中国

숫자읽기

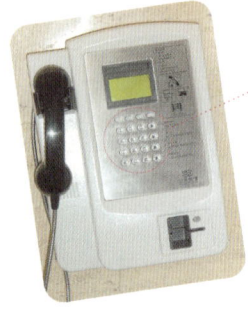

전화번호 한 글자씩 읽는다. 0은 零 líng 이라고 읽고 1 一 은 원래 발음은 yī 이지만 七 qī 와의 발음의 혼동을 막기 위하여 yāo 라고 읽는다.

우리말과 같이 ○월 ○일로 읽는데, 월은 月 yuè, 일은 日 rì 또는 号 hào 를 숫자 뒤에 붙인다.

○月○日(号)
yuè rì (hào)

월일

한 글자씩 읽어주고 끝에 년에 해당하는 年 nián 을 붙인다.

년도

분수 분모 + 分之 fēn zhī + 분자의 순서로 읽는다.

1/3
三分之一
sān fēn zhī yī

소수 소수점은 点 diǎn 으로 읽고 소수점 이하의 숫자는 하나 하나 읽어주며 0 零 líng 도 읽어준다.

5.08
五点零八
wǔ diǎn líng bā

♦ **손가락으로 숫자세기**

1~5까지는 우리와 비슷하다. 그러나 6,7은 약간 틀리며 8은 한자 八을 나타내고 10은 ① 과 ②처럼 2가지 방법으로 나타낼 수 있는데 ②는 한자 十을 나타낸다.

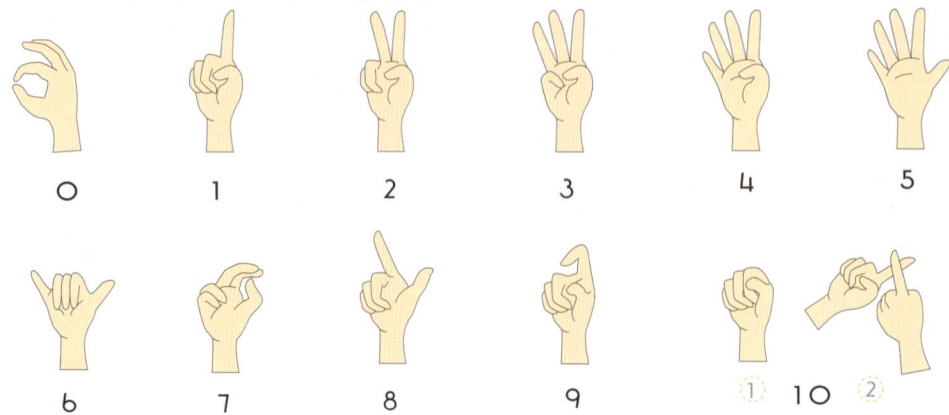

一共多少钱?

모두 얼마입니까?

6 과

물건이나 사람을 셀 때
우리말처럼 단위를 사용한다.
물건을 셀 때 쓰는 단위와
화폐단위에 대해 알아보자!

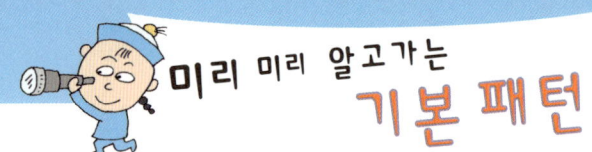
양사 个

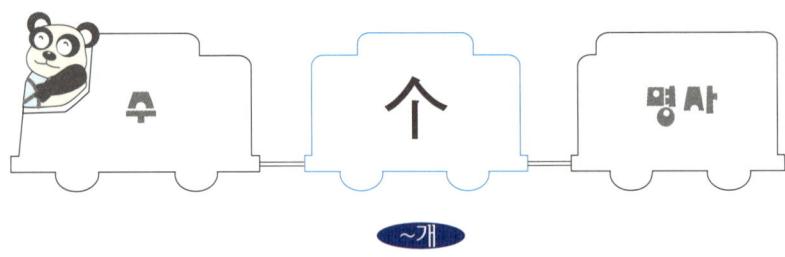

我 要 一 个 汉堡。
Wǒ yào yí ge hànbǎo

햄버거 한 **개**를 주십시오.

个 ge 는 ~개, ~명의 뜻으로 사람이나 사물을 셀 때 가장 보편적으로 많이 쓰이는 양사이다.

▶ 要 yào 원하다, 필요하다
▶ 汉堡 hànbǎo 햄버거

✚ 우리말의 ~명, ~개와 같이 사람이나 사물의 수량을 셀 때 쓰이는 단위와 같은 말을 중국어에서는 **양사**라고 한다. 숫자＋양사＋명사의 순으로 쓴다.

个
ge
개(명)의

一 / 苹果   하나 / 사과
yī   píngguǒ

三 / 人   셋 / 사람
sān rén

七 / 矮子   일곱 / 난쟁이
qī   ǎizi

양사 **杯**

我 要 两 **杯** 可乐。 　　　콜라 두 잔을 주십시오.
Wǒ yào liǎng bēi kělè

杯 bēi 는 물이나 커피, 술과 같은 액체를 ~잔, ~컵으로 나타낼 때 쓰는 양사
이다. ~병으로 말할 때는 **瓶** píng 을 쓰면 된다.

➤ 两 liǎng 둘
➤ 可乐 kělè 콜라

✚ 수량이 둘일 경우, 양사 앞에는 **二** èr 를 쓰지 않고 **两** liǎng 을 쓴다.

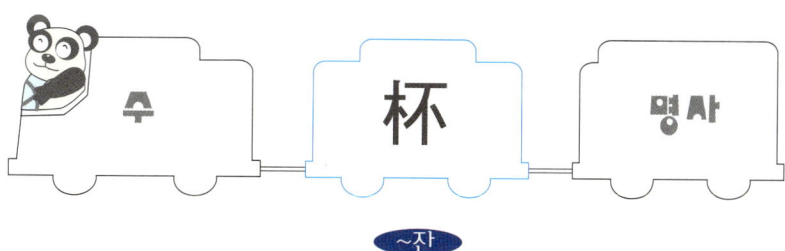

~잔

杯
bēi
잔의

一 / 酒　하나 / 술
yī　jiǔ

四 / 水　넷 / 물
sì　shuǐ

五 / 咖啡　다섯 / 커피
wǔ　kāfēi

기타 양사

还 要 一 片 比萨饼。 피자 한 **조각** 더 주세요.
Hái yào yí piàn bǐsàbǐng

片 piàn 은 ~조각이라는 뜻의 양사로 얇고 작은 사물이나 작게 잘라진 부분을 셀 때 쓰인다.

➤ 还 hái 또, 더
➤ 比萨饼 bǐsàbǐng 피자

✚ 이 외에 주요한 양사로는 책을 셀 때 쓰는 **本** běn ~권, 옷을 셀 때 **件** jiàn ~별, 동물 등을 셀 때 쓰는 **只** zhī ~마리 등이 있다.

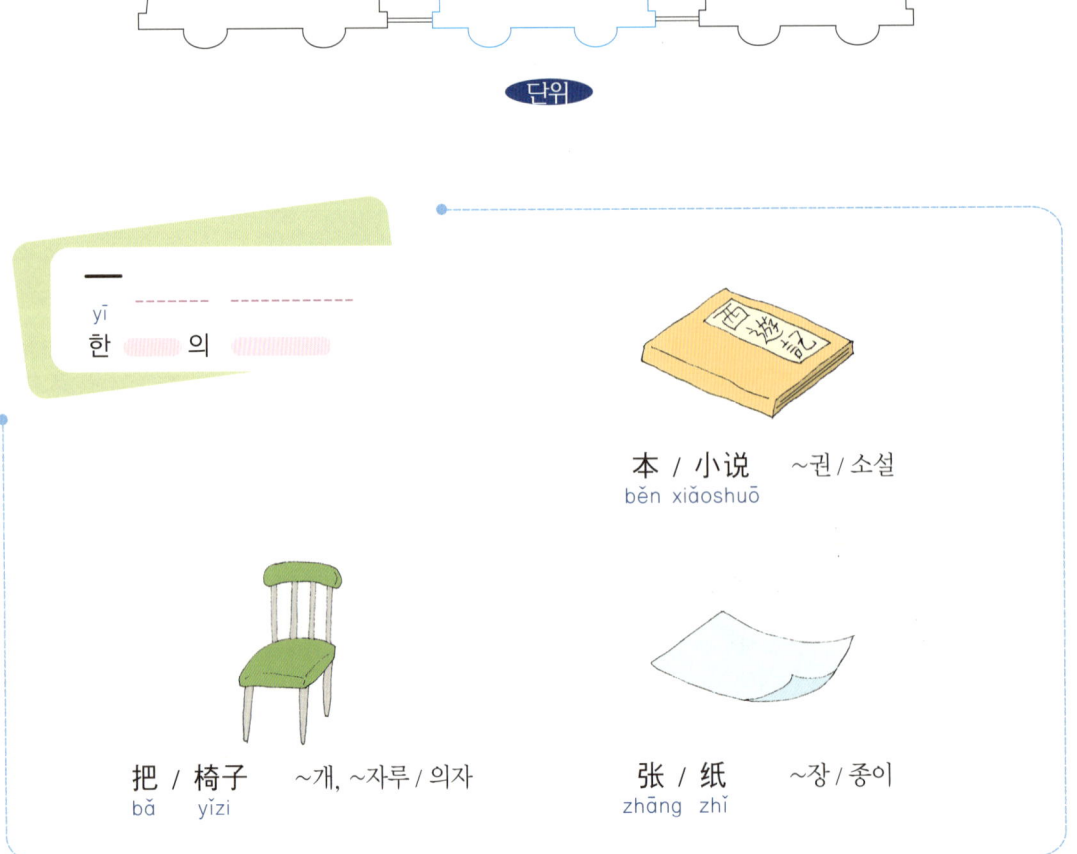

一 yī   한 ___ 의 ___

本 / 小说   ~권 / 소설
běn xiǎoshuō

把 / 椅子   ~개, ~자루 / 의자
bǎ yǐzi

张 / 纸   ~장 / 종이
zhāng zhǐ

화폐단위

一共 二十七 **块** 八。   모두 27위앤 8마오입니다.
Yígòng èrshí qī kuài bā

….. 중국의 화폐는 **人民币** rénmínbì 로 기본 단위는 **元** yuán, **角** jiǎo,
分 fēn 이다. 일상회화에서는 **元** 대신 **块** kuài, **角** 대신 **毛** máo 를
사용하며 마지막 화폐단위는 생략해서 말할 수 있고 또한 세 단위 중
하나만 쓰일 때는 문장 끝에 **钱** qián 을 붙여 말한다.

➕ 가운데 단위가 0일 경우, 0을 **零** líng 이라고 반드시 읽어준다.

▶ 一共 yígòng 모두, 전부
▶ 二十七 èrshí qī 27

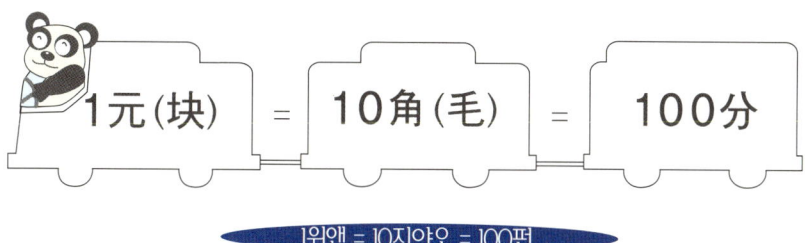

1元(块) = 10角(毛) = 100分

1위앤 = 10지야오 = 100펀

TAPE를 들으며 큰소리로 따라해보자!

   2.05元

   17.83元

两元零五分
liǎng yuán líng wǔ fēn

两块零五(分)
liǎng kuài líng wǔ (fēn)

2위앤 5펀입니다.

十七元八角三分
shíqī yuán bā jiǎo sān fēn

十七块八毛三(分)
shíqī kuài bā máo sān (fēn)

17위앤 8마오 3펀입니다.

价钱

一共多少钱?
모두 얼마입니까?

欢迎 光临。
Huānyíng guānglín

我 要 一 个 汉堡 和 两 杯 可乐。
Wǒ yào yí ge hànbǎo hé liǎng bēi kělè

还 要 别的 吗?
Hái yào biéde ma

还 要 一 片 比萨饼。
Hái yào yí piàn bǐsàbǐng

在 这儿 吃 还是 带 走?
Zài zhèr chī háishi dài zǒu

带 走。一共 多少 钱?
Dài zǒu Yígòng duōshao qián

一共 二十七 块 八。
Yígòng èrshí qī kuài bā

◆ 어서 오십시오.

● 햄버거 한 개와 콜라 두 잔 주세요.

◆ 다른 것이 더 필요하십니까?

● 피자 한 조각 더 주세요.

◆ 여기서 드실 겁니까, 아니면 가지고 가실 겁니까?

● 가져 갈겁니다. 모두 얼마입니까?

◆ 모두 27위앤 8마오(27.8위앤)입니다.

❖ 패스트푸드점

 새 단어

2-B

欢迎	huānyíng	환영하다	比萨饼	bǐsàbǐng	피자
光临	guānglín	왕림하다	在	zài	~에서, ~에 있다
要	yào	원하다, 필요하다	带	dài	지니다
汉堡	hànbǎo	햄버거	走	zǒu	가다, 걷다
可乐	kělè	콜라	一共	yígòng	모두, 전부
还	hái	또한, 더	多少	duōshao	몇, 얼마
别的	biéde	다른 것	钱	qián	돈

欢迎光临
Huānyíng guānglín

어서 오십시오라는 뜻으로 음식점 등에서 많이 쓰이는 인사말이다. 欢迎은 손님을 맞을 때 주로 쓰는 표현으로 같은 말을 반복해서 사용하여 강조한다.

来 오다
lái

> **예** 欢迎欢迎。 환영합니다.
> Huānyíng huānyíng
>
> 欢迎你来我家。 우리집에 오신 것을 환영합니다.
> Huānyíng nǐ lái wǒ jiā

还
hái

또, 더라는 뜻의 부사이다. 이외에도 아직, 여전히, 더욱 등 다양한 의미를 가지고 있다.

问题 질문
wèntí
结婚 결혼하다
jiéhūn

> **예** 还有一个问题。 질문이 하나 더 있습니다.
> Hái yǒu yíge wèntí
>
> 我还没结婚。 나는 아직 결혼하지 않았습니다.
> Wǒ hái méi jiéhūn

> 还没~는 아직 ~하지 않다 라는 뜻이다.

숫자읽기 11~

11	20	30	40	50
十一 shíyī	二十 èrshí	三十 sānshí	四十 sìshí	五十 wǔshí
60	70	80	90	100
六十 liùshí	七十 qīshí	八十 bāshí	九十 jiǔshí	一百 yìbǎi

- 두 자리 숫자는 각 십의 자리에 해당하는 수에 1~9까지의 숫자를 붙여서 읽는다.
- 세 자리 이상의 수에서 십 단위 이상에 0이 있을 경우, 0을 零 líng 이라고 꼭 읽어준다. (단, 2개 이상의 0이 있어도 한번만 읽어준다.)
- 백, 천, 만 단위의 숫자가 1일 경우, 반드시 숫자 一 yī 를 읽어준다.
- **예** 38 三十八 sānshí bā   105 一百零五 yìbǎi líng wǔ   1000 一千 yìqiān

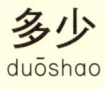

多少
duōshao

몇, 얼마라는 뜻의 의문대명사로 정확하지 않은 조금 큰 숫자를 물을 때 사용한다.
100이하의 적은 수량을 물을 때 사용하는 几와 비교해서 알아두자.

예

一张票多少钱?   표 한 장에 얼마입니까?
Yì zhāng piào duōshao qián

你要多少?   얼마나 필요하십니까?
Nǐ yào duōshao

张 ~장
zhāng

票 표
piào

일러스트로 알아보는 표현

기타 양사

2-B

一张床   침대 하나
yì zhāng chuáng

两条裤子   바지 두 벌
liǎng tiáo kùzi

三件上衣   상의 세 벌
sān jiàn shàngyī

四本书   책 네 권
sì běn shū

五支铅笔   연필 다섯 자루
wǔ zhī qiānbǐ

六只鸟儿   새 여섯 마리
liù zhī niǎor

1 **A** 아래의 한어병음을 읽어보자.

1_ yào   2_ huānyíng   3_ guānglín   4_ bǐsàbǐng

B 아래 한자의 한어병음을 각각 쓰고 읽어보자.

1_ 块   2_ 一共   3_ 多少   4_ 别的

2 Tape를 듣고 빈 칸에 들어갈 내용과 일치하는 것을 골라보자.

> A : 一共多少钱?   Yígòng duōshao qián
>
> B : _____ 。

1_

十块钱   10.00元
shíkuài qián

2_

三块六毛七   3.67元
sānkuài liùmáo qī

3_

十二块零四分   12.04元
shí èrkuài líng sìfēn

3 Tape를 듣고 보기에 있는 단어를 이용하여 대화를 완성해보자.

块, 个, 二十, 多少, 杯

A : 欢迎光临。

B : 我要一 ▢ 汉堡和两 ▢ 可乐。
    一共 ▢ 钱?

A : 一共 ▢ ▢ 八。

이 과에서 배운 주요 한자를 따라 써 보고 중국어로 읽어보자.

两 liǎng	两	两			
둘					

杯 bēi	杯	杯			
~잔, ~컵					

还 hái	还	还			
또, 더					

带 dài	带	带			
지니다, 휴대하다					

钱 qián	钱	钱			
돈					

欢迎 huānyíng	欢迎	欢迎			
환영하다					

정답 1. B 1_ kuài 2_ yígòng 3_ duōshao 4_ biéde   2. 3_ 一共十二块零四分。(Tape)
3. 个, 杯, 多少, 二｜, 块

화폐

◆ 런민삐 人民币

현재 사용하는 화폐는 人民币 rénmínbì 이며 화폐 단위는 元 yuán – 角 jiǎo – 分 fēn 의
3가지로 일상회화에서는 块 kuài – 毛 máo – 分 fēn 이라고 한다.
1元 = 10角 = 100分 의 비율로 적용되며 가격을 표시할 때는 元 아래 단위의 숫자는 소수점 아래에
써준다. 현재 사용되는 지폐 중 가장 큰 것은 100元이며 가장 작은 단위인 分은 거의 사용되지 않는다.

동전

1分   2分   ·   1角   5角   1元

지폐

1角

2角

5角

1元

5元

10元

20元

50元

100元

◆ 돈 읽는 방법 다시 한번 정리해보자.

- ⊙ 회화에서는 마지막 화폐단위는 생략할 수 있다.
- ⊙ 세 단위 중 하나만 쓰일 때는 문장 끝에 钱 qián 을 붙여 준다.
- ⊙ 가운데 단위가 0일 경우, 0을 零 líng 이라고 반드시 읽어준다.
  0이 두 개 이상 있어도 零을 한번만 읽어주며,
  맨 끝의 단위는 반드시 말해준다.
- ⊙ 숫자 2가 들어갈 경우, 각 단위 앞에 两 liǎng 이라고
  읽어주어야 한다. 그러나 마지막 자리에 쓰여
  그 단위가 생략될 경우에는 二 èr 이라고 읽어야 한다.

今天几月几号?

오늘은 몇 월 며칠입니까?

7과

연도와 날짜, 요일을 읽는 방법을
알아보자!
아울러 때를 나타내는 표현에
대해서도 알아두자!

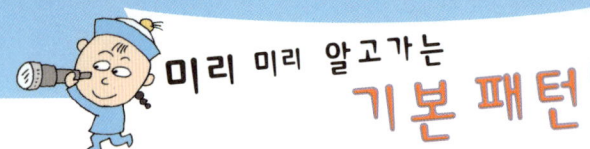

평서문

今天 八 月 十 号。
Jīntiān bā yuè shí hào

오늘은 8월 10일입니다.

명사가 술어처럼 ~이다라는 뜻으로 쓰일 수 있는데 주로 **날짜, 시간, 나이,** **가격** 등을 나타내는 문장에 많이 쓰인다.
날짜를 말할 때는 우리말과 같이 숫자 뒤에 **月** yuè, **号** hào 를 붙이면 된다.
➕ 명사가 술어로 쓰인 문장을 명사 술어문이라고 한다.
명사 술어문에서는 주어와 명사 사이에 ~이다라는 뜻의 **是** shì 를 넣을 수도 있다.

▶ 今天 jīntiān 오늘
▶ 月 yuè 월, 달
▶ 号 hào 일

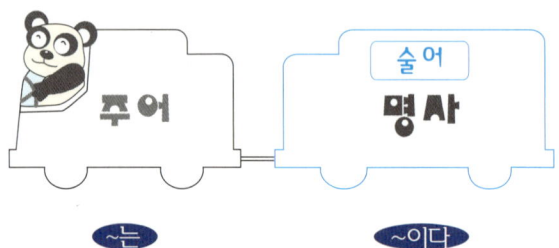

今天 ──────── 。
Jīntiān
오늘은   입니다.

三月七号   3월 7일
sān yuè qī hào

五月二十号   5월 20일
wǔ yuè èrshí hào

十月十八号   10월 18일
shí yuè shíbā hào

2-B

부정문

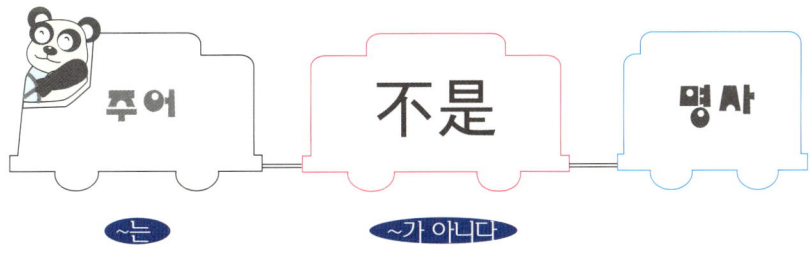

明天 **不是** 星期四。　　　내일은 목요일이 **아닙니다.**
Míngtiān　bú　shì　xīngqīsì

부정의 뜻을 나타낼 때는 명사 앞에 **~이 아니다**라는 뜻의 **不是** bú
shì 를 넣는다.
요일을 말할 때는 **요일**을 나타내는 **星期** xīngqī 뒤에 1~6까지의 숫자를
붙여주고 일곱번째 날인 일요일만 **星期天(日)** xīngqītiān(rì) 라고 한다.

▸ 明天 míngtiān 내일
▸ 星期四 xīngqīsì 목요일

주어　　　　不是　　　　명사

~는　　　　~가 아니다

明天不是 _____。
Míngtiān　bú　shì
내일은 　　　　　　 이 아닙니다.

星期一　　　월요일
xīngqīyī

星期六　　　토요일
xīngqīliù

星期天　　　일요일
xīngqītiān

의문문 1

今天 **几 月 几 号**?
Jīntiān jǐ yuè jǐ hào
오늘은 **몇 월 며칠입니까?**

今天 **星期 几**?
Jīntiān xīngqī jǐ
오늘은 **무슨 요일입니까?**

날짜를 물을 때는 앞에서 배웠던 **몇, 얼마** 라는 뜻의 **几** jǐ 를 **月**, **号** 앞에 붙이고 요일을 물어 볼 때는 **星期** 뒤에 **几**를 붙인다.

▶ 星期 xīngqī 요일

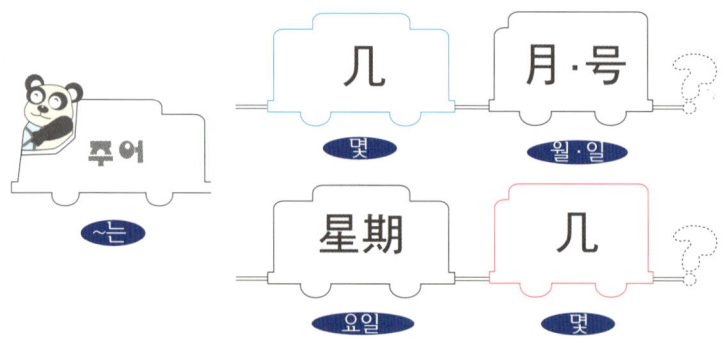

기: 주어 ~는 / 几 몇 / 月·号 월·일 / 星期 요일 / 几 몇

TAPE를 들으며 큰소리로 따라해보자!

圣诞节 shèngdànjié
크리스마스

圣诞节 几月几号?
Shèngdànjié jǐ yuè jǐ hào

⇨ 十二月二十五号。
Shí' èr yuè èrshí wǔ hào

크리스마스는 몇 월 며칠입니까?
⇨ 12월 25일입니다.

圣诞节 星期几?
Shèngdànjié xīngqī jǐ

⇨ 星期六。
Xīngqīliù

크리스마스는 무슨 요일입니까?
⇨ 토요일입니다.

의문문 2

明天 星期四 吗?　　　내일은 목요일**입니까?**
Míngtiān xīngqīsì ma

•••• 평서문의 문장 끝에 우리말의 ~까?에 해당하는 **吗** ma 를 쓰면 된다.

주어　　　　　　　술어 명사　　　　　　吗

~는　　　　　　　~이다　　　　　　~까

明天（是）_____ 吗?
Míngtiān shì ma
내일은 _____ 입니까?

星期二　　화요일
xīngqī èr

十号　　10일
shí hào

你的生日　　당신 생일
nǐ de shēngrì

日期

今天几月几号?

오늘은 몇 월 며칠입니까?

今天 几 月 几 号?
Jīntiān jǐ yuè jǐ hào

今天 八 月 十 号。
Jīntiān bā yuè shí hào

明天 星期四 吗?
Míngtiān xīngqīsì ma

不是, 明天 星期三。
Búshì míngtiān xīngqīsān

十五 号 是 星期 几?
Shíwǔ hào shì xīngqī jǐ

星期天。那 天 是 韩国 的 国庆节。
Xīngqītiān Nà tiān shì Hánguó de Guóqìngjié

♥ 오늘은 몇 월 며칠입니까?

● 오늘은 8월 10일입니다.

♥ 내일은 목요일입니까?

● 아닙니다. 내일은 수요일입니다.

♥ 15일은 무슨 요일입니까?

● 일요일입니다. 그 날은 한국의 국경일입니다.

✦ 달력

 새 단어

2-B

今天	jīntiān	오늘	星期三	xīngqīsān	수요일
月	yuè	월	星期	xīngqī	주, 요일
号	hào	일	星期天	xīngqītiān	일요일
明天	míngtiān	내일	的	de	~의
星期四	xīngqīsì	목요일	国庆节	Guóqìngjié	국경일

年
nián

연도를 읽을 때는 숫자를 하나하나 읽어주고 뒤에 **년, 해**를 뜻하는 **年 nián** 을 붙여준다.

예 二〇〇九 **年**　　　2009년
　　 èr líng líng jiǔ nián

　　 二〇一〇 **年**　　　2010년
　　 èr líng yī líng nián

숫자 0은
零 líng 이라고
읽는다.

月·号
yuè hào

월을 나타낼 때는 우리말과 같이 1~12까지의 숫자 뒤에 **달, 월**을 뜻하는 **月 yuè** 를 붙여주고 **날짜** 또한 1~31까지의 숫자 뒤에 일을 뜻하는 **号 hào, 日 rì** 를 붙이는데 **日**는 문서상에서, **号**는 일상회화에서 많이 쓰인다.

1월	2월	3월	4월	5월	6월
一月	二月	三月	四月	五月	六月
yīyuè	èryuè	sānyuè	sìyuè	wǔyuè	liùyuè

7월	8월	9월	10월	11월	12월
七月	八月	九月	十月	十一月	十二月
qīyuè	bāyuè	jiǔyuè	shíyuè	shíyīyuè	shí'èryuè

예 三月九日（号）　　　3월 9일
　　 sān yuè jiǔ rì(hào)

　　 十二月三十日（号）　　　12월 30일
　　 shí'èr yuè sānshí rì(hào)

星期
xīngqī

요일을 나타낼 때는 월요일에서 토요일까지는 **주**를 뜻하는 **星期** 뒤에 1~6까지의 숫자 를 붙인다. 단, 일요일은 **星期天** 또는 **星期日** 라고 한다.

월요일	화요일	수요일	목요일
星期一	**星期二**	**星期三**	**星期四**
xīngqīyī	xīngqī'èr	xīngqīsān	xīngqīsì

금요일	토요일	일요일	
星期五	**星期六**	**星期天（日）**	
xīngqīwǔ	xīngqīliù	xīngqītiān(rì)	

날짜읽기

년, 월, 일, 요일을 나열하는 순서는 우리말과 같다.

예 二零零九年六月二十五号(星期四) = 2009年6月25日(星期四)
èr líng líng jiǔ nián liù yuè èrshí wǔ hào(xīngqīsì)
2009년 6월 25일 목요일

日　일
rì

일러스트로 알아보는 표현

년·월·일

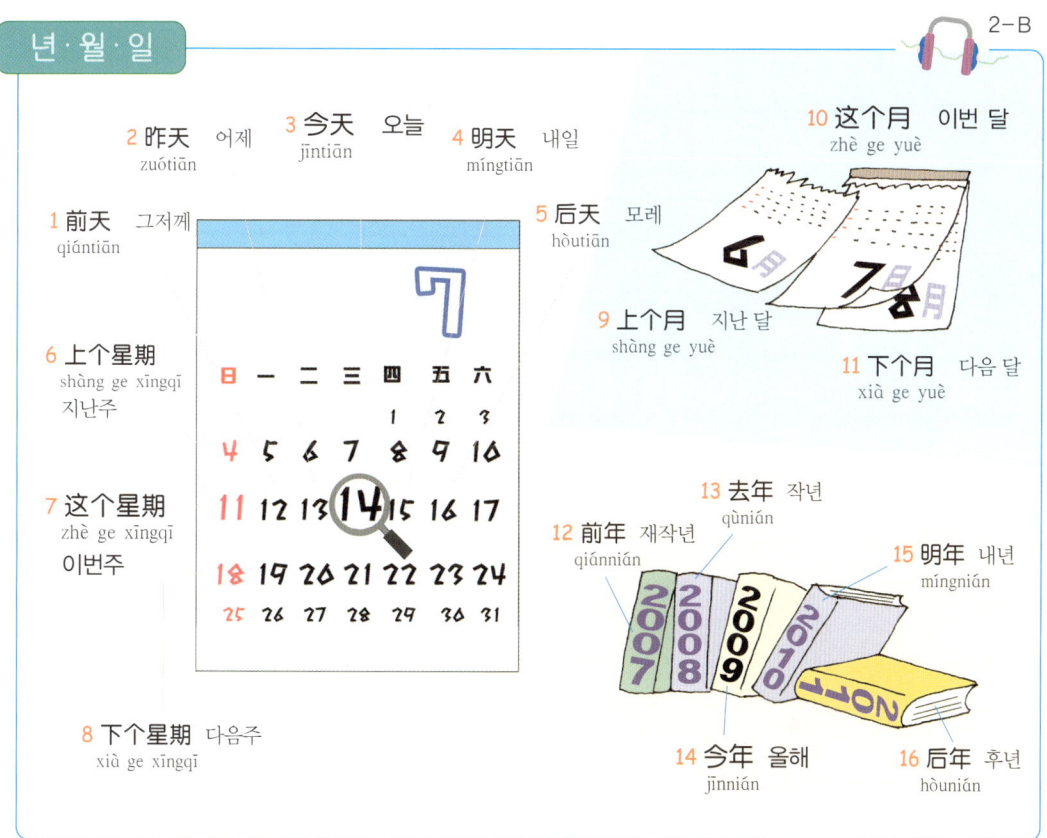

2 昨天　어제
zuótiān

3 今天　오늘
jīntiān

4 明天　내일
míngtiān

10 这个月　이번 달
zhè ge yuè

1 前天　그저께
qiántiān

5 后天　모레
hòutiān

9 上个月　지난 달
shàng ge yuè

11 下个月　다음 달
xià ge yuè

6 上个星期
shàng ge xīngqī
지난주

7 这个星期
zhè ge xīngqī
이번주

13 去年　작년
qùnián

12 前年　재작년
qiánnián

15 明年　내년
míngnián

8 下个星期　다음주
xià ge xīngqī

14 今年　올해
jīnnián

16 后年　후년
hòunián

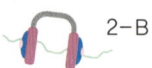 2-B

1 **A** 아래의 한어병음을 읽어보자.

1_ yuè   2_ xīngqī   3_ míngtiān   4_ guóqìngjié

B 아래 한자의 한어병음을 각각 쓰고 읽어보자.

1_ 号   2_ 几   3_ 今天   4_ 星期

2 Tape를 듣고 빈 칸에 들어갈 내용과 일치하는 것을 골라보자.

> A : 今天几月几号?   Jīntiān jǐ yuè jǐ hào
>
> B :   。

1_

一月七号 1월 7일
yīyuè qīhào

2_

五月十八号 5월 18일
wǔyuè shíbāhào

3_

十月二十三号 10월 23일
shíyuè èrshísānhào

3 Tape를 듣고 보기에 있는 단어를 이용하여 대화를 완성해보자.

八, 几, 十, 星期三

A : 今天 ___ 月 ___ 号?

B : 今天 ___ 月 ___ 号。

A : 明天星期 ___ ?

B : 明天 ___ 。

이 과에서 배운 주요 한자를 따라 써 보고 중국어로 읽어보자.

号 hào	号	号			
	날, 일				

节 jié	节	节			
	절기, 기념일				

国庆 guóqìng	国庆	国庆			
	국가경사				

今天 jīntiān	今天	今天			
	오늘				

后天 hòutiān	后天	后天			
	모레				

星期 xīngqī	星期	星期			
	주(週)				

정답 1. B 1_ hào 2_ jǐ 3_ jīntiān 4_ xīngqī   2. 2_ 今天五月十八号。(Tape)
3. 几，几，八，十，几，星期二

국경일

공식적인 국가법정 공휴일은
원단 元旦1일, 춘절 春节3일, 노동절 劳动节3일, 국경절 国庆节3일 이다.

원단은 1월 1일로 우리식 신정에 해당하는 날이다.
춘절은 우리의 음력설에 해당하는 중국 최대의 명절이다. 공식적인 휴일은 3일이지만 보통 일주일 정도를 쉬게 된다.
5월 1일은 국제 **노동절**로 세계적인 기념일이며 **국경절**은 10월 1일로 중화인민공화국의 수립을 기념하는 날이다.

1月	元旦	1월 1일 원단 우리식 신정
2月	春节	음력 1월 1일 춘절 우리의 설날
	元宵节	음력 1월 15일 원소절
3月	妇女节	3월 8일 부녀절 우리식 여성의 날로 여성은 반나절만 근무
	春分	3월 21일 춘분
4月	清明节	4월 4일~6일 청명절
5月	劳动节	5월 1일 노동절 세계적인 기념일
	青年节	5월 4일 청년절 학생의 날

6月	儿童节	6월 1일 아동절 우리의 어린이날에 해당
	端午节	음력 5월 5일 단오절
7月	中国共产党诞生纪念日	7월 1일 중국 공산당 탄생기념일
8月	建军节	8월 1일 건군절 우리식 국군의 날
9月	中秋节	음력 8월 15일 중추절 우리의 추석
	秋分	9월 23일 추분
10月	国庆节	10월 1일 국경절 현 중화인민공화국의 수립을 기념하는 날
12月	圣诞节	12월 25일 성탄절

▶시간

现在几点?

지금은 몇 시입니까?

시간을 묻고 대답하며
시간을 읽는 방법과 다양한 시간의
표현에 대해 알아보자!

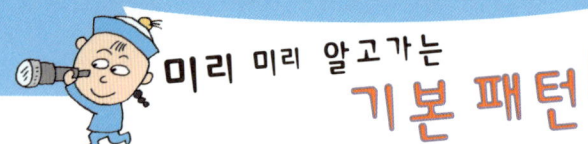

미리 미리 알고가는 **기본 패턴**

평서문 1

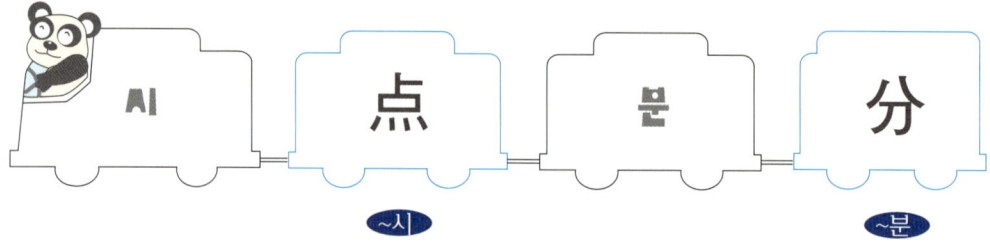

현在 **十 二 点 半**。   지금 12시 30분입니다.
Xiànzài   shí'èr   diǎn   bàn

시간을 말할 때는 우리말과 같이 숫자 뒤에 ~시를 나타내는 양사 **点** diǎn, ~분을 나타내는 양사 **分** fēn 을 붙이면 된다.
또한 우리말에서 **30분**을 **반**이라고 말하는 것처럼 중국어에서도 **三十分** sānshífēn 또는 **半** bàn 이라고 한다.

➕ 윗 문장 또한 시간을 나타내는 명사가 술어처럼 쓰인 명사 술어문이다.

▶ 现在 xiànzài 지금, 현재
▶ 点 diǎn ~시
▶ 半 bàn 반, 30분

시 **点** 분 **分**
〈~시〉 〈~분〉

现在 ——————。
Xiànzài
지금은 ▓▓▓▓▓ 입니다.

两点(钟)   2시
liǎng diǎn(zhōng)

三点十分   3시 10분
sān diǎn shí fēn

四点一刻   4시 15분
sì diǎn yí kè

2-B

평서문 2

我 一 点 一 刻 上课。
Wǒ yī diǎn yí kè shàngkè

나는 1시 15분에 수업을 합니다.

시간을 나타내는 명사는 문장안에서 주어, 술어, 관형어, 부사어로 쓰일 수 있다.
시간 명사가 술어를 보충 설명하고 수식하는 **부사어**로 쓰일 경우, 주어 뒤·술어 앞에 올 수도 있고 주어 앞에 올 수도 있다.

▸ 刻 kè 15분
▸ 上课 shàngkè 수업하다

➕ 15분은 **一刻** yíkè, 45분은 **三刻** sānkè 라고 한다. 그러나 30분은 **两刻**라고 하지 않는다.

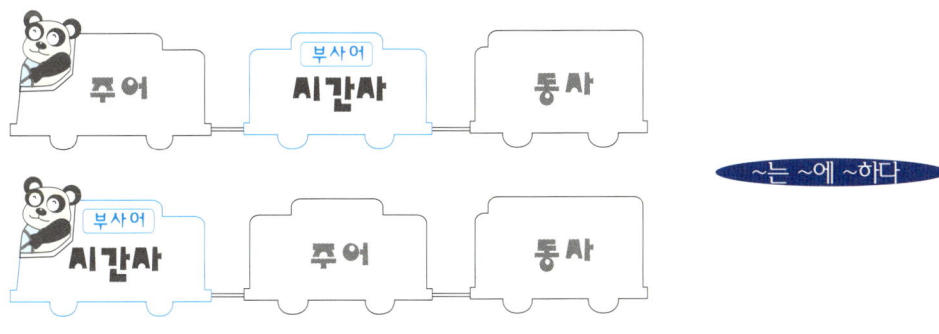

~는 ~에 ~하다

TAPE를 들으며 큰소리로 따라해보자!

睡觉 shuìjiào
자다

起床 qǐchuáng
일어나다

我十一点睡觉。
Wǒ shíyī diǎn shuìjiào

十一点我睡觉。
shíyī diǎn wǒ shuìjiào

나는 11시에 잡니다.

我七点起床。
Wǒ qī diǎn qǐchuáng

七点我起床。
Qī diǎn Wǒ qǐchuáng

나는 7시에 일어납니다.

제 8과 现在几点? 125

의문문 1

你 **几 点** 上课?
Nǐ jǐ diǎn shàngkè

당신은 **몇 시에** 수업을 합니까?

몇 시라고 물을 때 **몇, 얼마**라는 뜻의 **几 jǐ** 를 ~시를 나타내는 양사 **点** 앞에 붙인다.
따라서 현재 시각을 물을 때 **现在几点** Xiànzài jǐ diǎn? **지금 몇 시입니까?** 이라고 한다.
윗 문장은 **几点**이 **몇 시에**라는 뜻의 부사어로 쓰였다. 대답할 때도 그에 해당하는 시간을 그자리에
그대로 써주면 된다.

➕ 부사어란 술어로 쓰인 동사나 형용사를 보충 설명해주고 수식해주는 성분을 말하며 술어 앞에 위치한다.

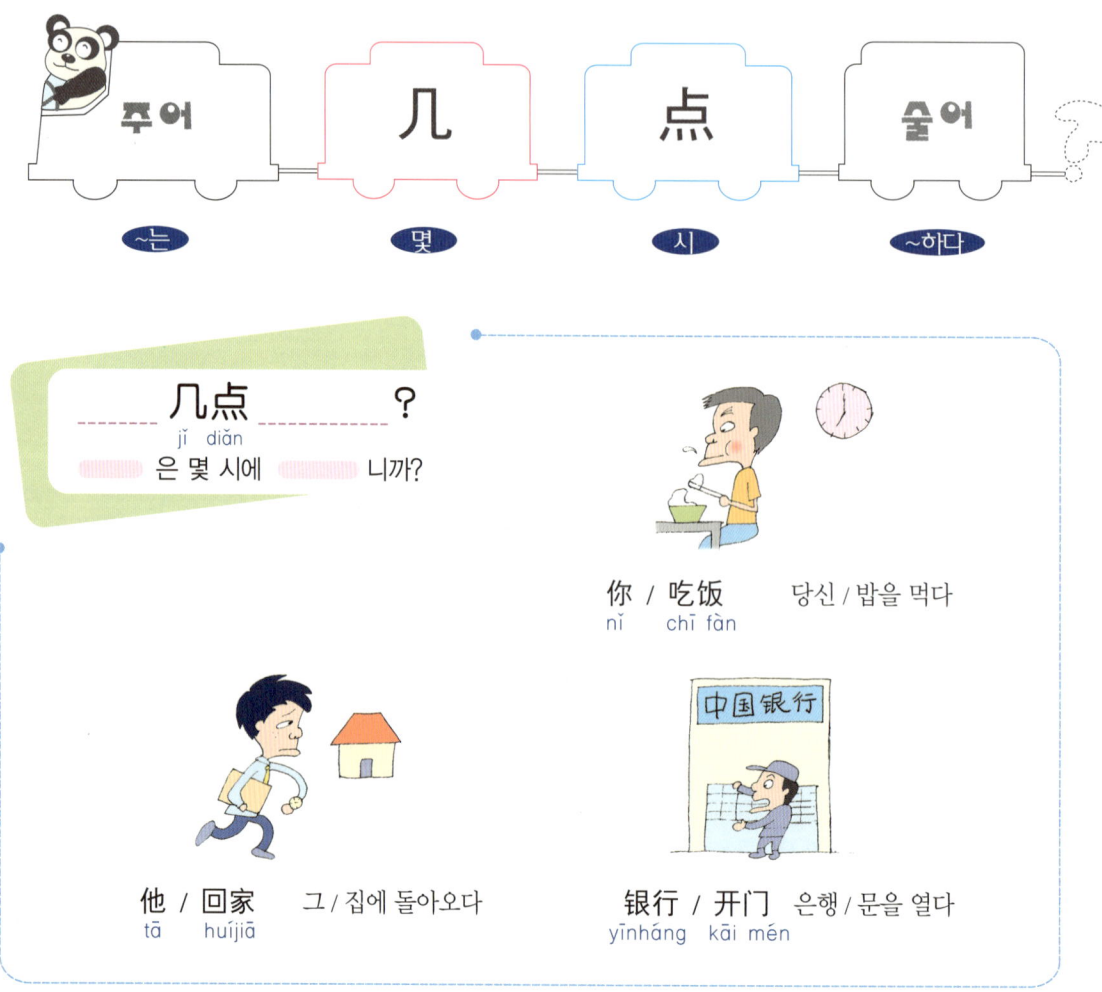

주어 **几** **点** 술어
~는 몇 시 ~하다

_____ **几点** _____?
jǐ diǎn
_____ 은 몇 시에 _____ 니까?

你 / 吃饭   당신 / 밥을 먹다
nǐ chī fàn

他 / 回家   그 / 집에 돌아오다
tā huíjiā

银行 / 开门 은행 / 문을 열다
yínháng kāi mén

의문문 2

你 **什么时候** 吃 午饭？　　　당신은 **언제** 점심을 먹습니까?
Nǐ shénme shíhou chī wǔfàn

什么时候 shénme shíhou 는 **언제**라는 뜻으로 때나 시간을 물어볼 때 쓰는 의문대명사이다. 주어 앞에 올 수도 있고 주어 뒤·술어 앞에 올 수도 있다.

▸ 吃 chī 먹다
▸ 午饭 wǔfàn 점심

주어　什么时候　술어

~는　언제　~하다

TAPE를 들으며 큰소리로 따라해보자!

明天 / 去　내일 / 가다
míngtiān qù

你什么时候去？
Nǐ shénme shíhou qù

⇨ 我明天去。
Wǒ míngtiān qù

당신은 언제 갑니까?
⇨ 나는 내일 갑니다.

七点 / 下班　7시 / 퇴근하다
qī diǎn xiàbān

你什么时候下班？
Nǐ shénme shíhou xiàbān

⇨ 我七点下班。
Wǒ qī diǎn xiàbān

당신은 언제 퇴근합니까?
⇨ 7시에 퇴근합니다.

时间

现在几点?
지금은 몇 시입니까?

现在 几 点？
Xiànzài jǐ diǎn

现在 十二 点 半。
Xiànzài shí'èr diǎn bàn

你 几 点 上课？
Nǐ jǐ diǎn shàngkè

我 一 点 一 刻 上课。
Wǒ yì diǎn yí kè shàngkè

什么 时候 吃 午饭？
Shénme shíhou chī wǔfàn

我们 现在 去 吃 饭, 好 吗？
Wǒmen xiànzài qù chī fàn hǎo ma

好。
Hǎo

♥ 지금 몇 시입니까?

■ 지금 12시 30분입니다.

♥ 당신은 몇 시에 수업을 합니까?

■ 나는 1시 15분에 수업을 합니다.

♥ 점심은 언제 먹습니까?

■ 우리 지금 먹으러 가는 것이 어떻습니까?

♥ 좋습니다.

○ 식당 앞 안내판

새 단어

现在	xiànzài	현재, 지금	刻	kè	15분
点	diǎn	~시	什么时候	shénme shíhou	언제
半	bàn	반, 30분	吃	chī	먹다
上课	shàng kè	수업하다	午饭	wǔfàn	점심밥

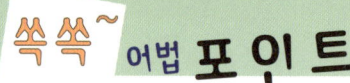
什么时候
shénme shíhou

언제, 어느 때라는 뜻의 의문대명사로, 영어의 when에 해당한다. 우리말 어순처럼 묻고자 하는 부분에 놓으면 된다.

> **예** 你**什么时候**去中国?　당신은 언제 중국에 갑니까?
> Nǐ shénme shíhou qù Zhōngguó
>
> **什么时候**放假?　언제 휴가입니까?
> Shénme shíhou fàngjià

放假 방학하다
fàngjià

我们去吃饭
Wǒmen qù chī fàn

중국어에서는 2개 이상의 동사나 동사구를 하나의 주어 아래 함께 쓸 수 있다. 동사를 배열하는 순서는 시간의 흐름에 따라 먼저 일어나는 순서대로 쓴다.

我们 Wǒmen	去 qù	吃饭 chī fàn
↓	↓	↓
주어	동사 1(+목적어)	동사 2(+목적어)
우리들은	가서	밥을 먹는다

电影 영화
diànyǐng
坐车 차 타다
zuò chē
出发 출발하다
chūfā

> **예** 我**去看**电影。　나는 영화보러 갑니다.
> Wǒ qù kàn diànyǐng
>
> 我**坐车出发**。　나는 차를 타고 출발합니다.
> Wǒ zuò chē chūfā

好吗?
hǎoma

~하는게 어떻습니까?라는 뜻으로 자신의 의견을 말한 후 상대방의 동의를 구할 때 쓰이는 표현이다. 동의할 때는 好。좋아요. 라고 대답하면 된다.

> **예** 我们明天六点见面, **好吗**?　우리 내일 6시에 만나는 게 어때요?
> Wǒmen míngtiān liùdiǎn jiànmiàn hǎoma
>
> ⇨ 好。　좋아요.
> hǎo

见面 만나다
jiànmiàn

일러스트로 알아보는 표현

시간

3-A

1 上午　오전
shàngwǔ

2 中午　정오
zhōngwǔ

3 下午　오후
xiàwǔ

4 早上　아침
zǎoshang

十二点
shí'èr diǎn

十一点
shíyī diǎn

8 一点
yī diǎn

两点
liǎng diǎn

十点
shí diǎn

20 差五分四点
Chà wǔ fēn sì diǎn
3시 55분

九点
jiǔ diǎn

三点
sān diǎn

6 三十分钟
sānshí fēnzhōng
30분

7 一个小时
yí ge xiǎoshí
1시간

八点
bā diǎn

四点
sì diǎn

七点
qī diǎn

五点
wǔ diǎn

六点
liù diǎn

5 晚上　저녁
wǎnshang

差는 부족하다,
모자라다 라는 뜻으
로 差五分四点。을
직역하면 4시에 5분
이 모자라다 즉, 4시
5분 전의 뜻이 된다.

제 8과 现在几点? **131**

3-A

1 **A** 아래의 한어병음을 읽어보자.

1_ shì   2_ shíhou   3_ chī fàn   4_ shàng kè

B 아래 한자의 한어병음을 각각 쓰고 읽어보자.

1_ 点   2_ 半   3_ 现在   4_ 一刻

2 Tape를 듣고 빈 칸에 들어갈 내용과 일치하는 것을 골라보자.

> A : 现在几点?   Xiànzhài jǐ diǎn
>
> B : ＿＿＿＿＿＿＿＿　。

1_

一点十分　1시 10분
yīdiǎn shífēn

2_

五点半　5시 30분
wǔdiǎn bàn

3_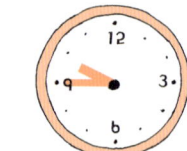

九点三刻　9시 45분
jiǔdiǎn sānkè

3 Tape를 듣고 보기에 있는 단어를 이용하여 대화를 완성해보자.

点, 几, 十二, 半, 一, 刻

A : 现在 ＿＿ ＿＿ ?

B : 现在 ＿＿ ＿＿ ＿＿ 。

A : 你 ＿＿ ＿＿ 上课?

B : 我 ＿＿ ＿＿ ＿＿ ＿＿ 上课。

이 과에서 배운 주요 한자를 따라 써 보고 중국어로 읽어보자.

点 diǎn	点	点				
	~시					

课 kè	课	课				
	수업					

现在 xiànzài	现在	现在			
	지금, 현재				

时候 shíhou	时候	时候			
	때, 시간				

午饭 wǔfàn	午饭	午饭			
	점심, 점심밥				

起床 qǐchuáng	起床	起床			
	일어나다				

정답 1. B 1_ diǎn 2_ bàn 3_ xiànzài 4_ yíkè　2. 3_ 现在九点三刻。(Tape)
3. 几, 点, 十二, 点, 半, 几, 点, 一, 点, 一, 刻

제 8과 现在几点? 133

시간읽기

起床
qǐchuáng
일어나다

♦ 7 : 00 정각

七点整 qī diǎn zhěng

우리말의 정각을 나타낼 때 点뒤에 整을 붙인다.

♦ 7 : 05분

七点零五分 qī diǎn líng wǔ fēn

가운데 0이 들어가면 零 líng 이라고 읽어준다.

洗脸
xǐliǎn
세수하다

♦ 8 : 15분

八点一刻 bā diǎn yí kè

영어에서도 15분을 quater 라고 따로 읽어주는 것처럼
중국어에서는 刻 라고 한다. 15분은 一刻이다.

上班
shàngbān
출근하다

♦ 12 : 30분

十二点半 shí èr diǎn bàn

우리말에서 30분을 반이라고 말하는 것처럼
절반을 나타내는 半을 써서 표현할 수 있다.

吃午饭
chī wǔfàn
점심먹다

回家
huíjiā
귀가하다

♦ 6 : 45분

六点三刻 liù diǎn sān kè

差一刻七点 chà yí kè qī diǎn

45분은 三刻로 읽을 수도 있고 ~분 전이라는 뜻의
差를 이용해서 ~시 15분전이라는 표현으로 나타낼 수 있다.

♦ 10 : 55분

差五分十一点 chà wǔ fēn shíyī diǎn

~분 전이라는 뜻의 差를 이용해서
~시 5분전이라는 표현으로 나타낼 수 있다.

睡觉
shuìjiào
잠자리에 들다

▶ 교통

百货大楼在哪儿?

백화점은 어디에 있습니까?

영어의 전치사에 해당하는 개사가
들어가는 문장을 알아보고
아울러 길이나 방향을 묻는 표현과
교통에 대해 살펴보자!

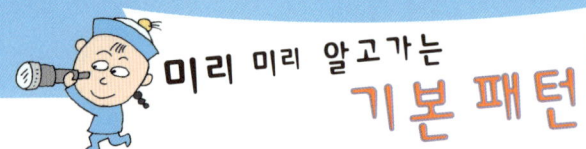

개사·동사 在

百货大楼 **在** 哪儿?
Bǎihuò dàlóu zài nǎr

백화점은 어디에 **있습니까?**

在 那儿 坐 车。
Zài nàr zuò chē

저기**에서** 차를 타세요.

在 zài 는 동사로 쓰일 때는 ~에 있다라는 뜻으로 뒤에 장소를 나타내는 말이 온고 개사로 쓰일 때는 ~에서라는 뜻이다.

➕ ~이 있다라는 뜻의 有 yǒu 와 비교 P142참조 해서 알아두자.

▶ 百货大楼 bǎihuò dàlóu 백화점
▶ 哪儿 nǎr 어디
▶ 那儿 nàr 저기, 거기
▶ 坐车 zuò chē 차를 타다

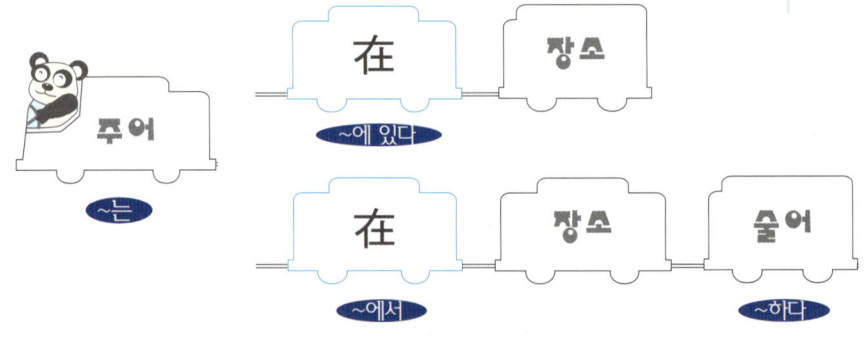

TAPE를 들으며 큰소리로 따라해보자!

北京 Běijīng
베이징

你家**在**哪儿?
Nǐ jiā zài nǎr

⇨ 我家**在**北京。
Wǒ jiā zài Běijīng

당신 집은 어디에 있습니까?
⇨ 우리 집은 베이징에 있습니다.

大学 dàxué
대학

你**在**哪儿工作?
Nǐ zài nǎr gōngzuò

⇨ 我**在**大学工作。
Wǒ zài dàxué gōngzuò

당신은 어디에서 근무합니까?
⇨ 나는 대학에서 근무합니다.

3-A

개사 离

离 这儿 远。
Lí   zhèr   yuǎn

여기에서 멉니다.

개사 **离** lí 는 공간이나 시간의 거리를 나타내며 그 기준이 되는 장소 앞에서는 ~에서부터, 시간 앞에서는 ~까지라는 의미로 쓰인다.

➕ 개사는 영어의 전치사와 비슷한 것으로 명사와 함께 술어 앞에서 시간, 장소, 방향, 원인, 수단 등을 나타낸다.

▶ 这儿 zhèr 여기, 이곳
▶ 远 yuǎn 멀다

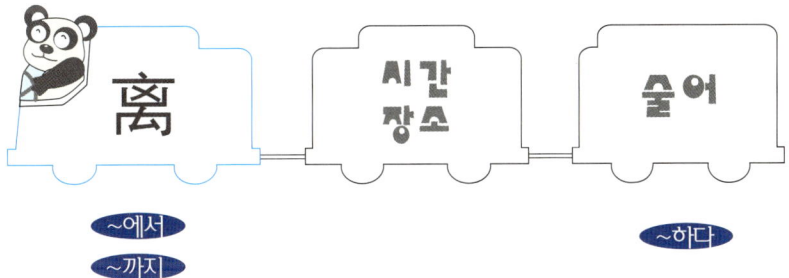

~에서
~까지

~하다

离这儿 ＿＿＿＿＿ 。
Lí   zhèr
여기에서 ＿＿＿＿ 니다.

近 가깝다
jìn

不远 멀지 않다
bù yuǎn

不太近 그다지 가깝지 않다
bú tài jìn

개사 **到**

到 那儿 怎么 走?　　　　　　거기 **까지** 어떻게 갑니까?
Dào　nàr　zěnme　zǒu

개사 **到** dào 는 ~까지라는 뜻으로 장소나 시간이 이르는 곳을 나타낸다.
동사로 쓰일 때는 **도착하다, ~에 이르다**라는 뜻이다.

▶ 怎么 zěnme 어떻게

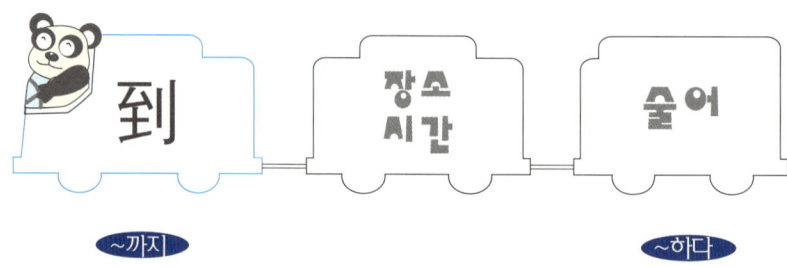

~까지　　　　　　~하다

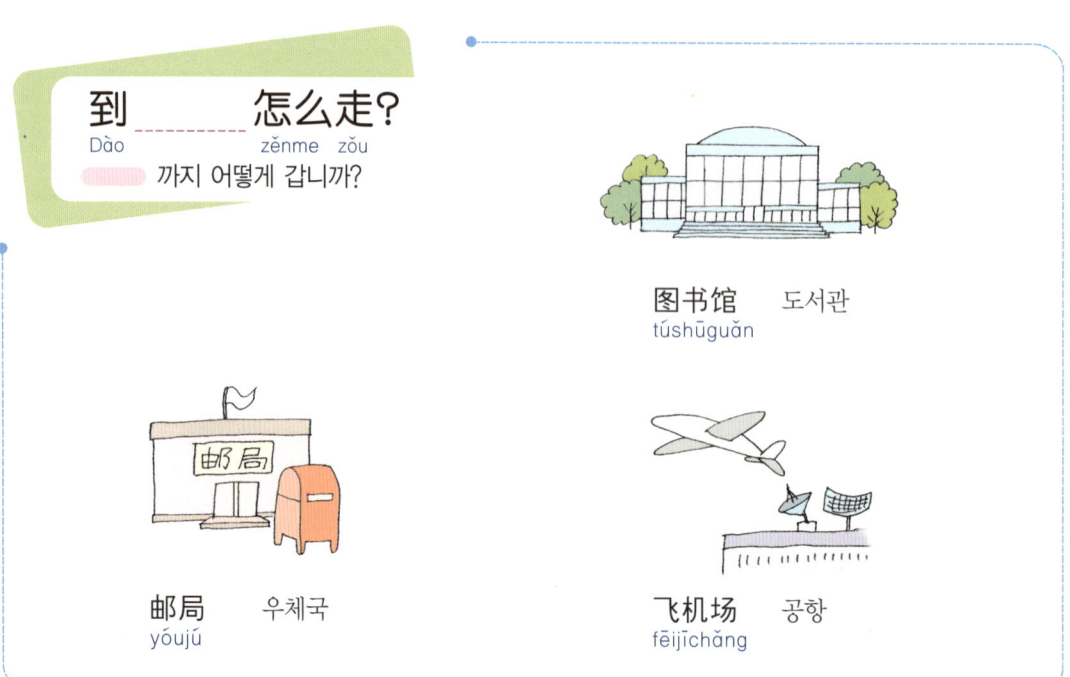

到 ＿＿＿ 怎么走?
Dào　　　　zěnme zǒu
　까지 어떻게 갑니까?

图书馆　도서관
túshūguǎn

邮局　우체국
yóujú

飞机场　공항
fēijīchǎng

개사 往

一直 往 前 走。

Yìzhí   wǎng qián zǒu

곧장 앞으로 가세요.

개사 往 wǎng 은 ~를 향해, ~쪽으로라는 말하고자 하는 방향을 나타낸다.

✚ 이외에 자주 쓰이는 개사전치사 로는 给 gěi ~에게, 对 duì ~에 대하여, 从 cóng ~로 부터, 为 wèi ~을 위하여, ~때문에 등이 있다.

▸ 一直 yìzhí 곧바로, 곧장
▸ 前 qián 앞, 앞쪽

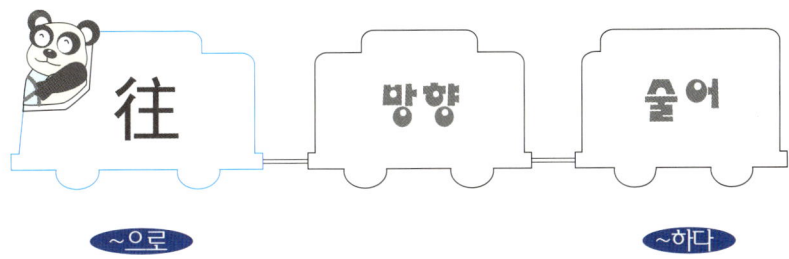

往   ~으로

방향

술어   ~하다

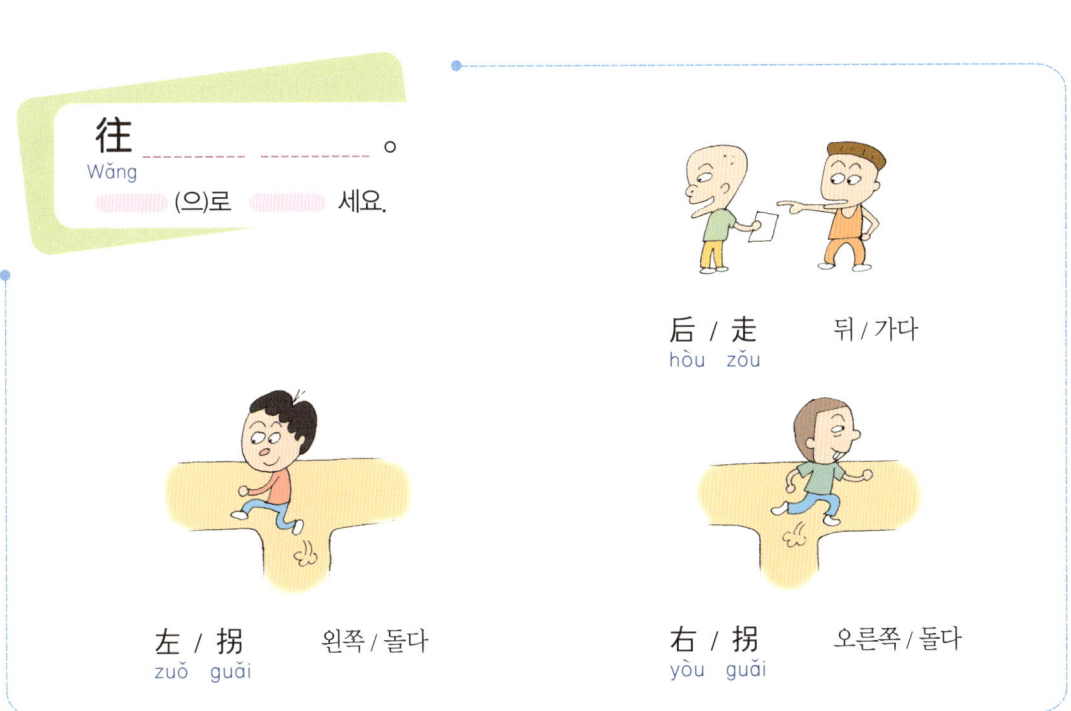

往 _____ 。
Wǎng
_____ (으)로 _____ 세요.

后 / 走   뒤 / 가다
hòu zǒu

左 / 拐   왼쪽 / 돌다
zuǒ guǎi

右 / 拐   오른쪽 / 돌다
yòu guǎi

百货大楼在哪儿?

백화점은 어디에 있습니까?

请 问, 百货大楼 在 哪儿?
Qǐng wèn bǎihuòdàlóu zài nǎr

在 中国 银行 旁边。
Zài Zhōngguó yínháng pángbiān

离 这儿 远 不 远?
Lí zhèr yuǎn bu yuǎn

比较 远。
Bǐjiào yuǎn

到 那儿 怎么 走?
Dào nàr zěnme zǒu

一直 往 前 走, 就 到 公共汽车站。
Yìzhí wǎng qián zǒu jiù dào gōnggòuqìchēzhàn

在 那儿 坐 二十路 汽车。
Zài nàr zuò èrshí lù qìchē

● 말씀 좀 묻겠습니다만, 백화점은 어디에 있습니까?

▼ 중국은행 옆에 있습니다.

● 여기서 멉니까?

▼ 비교적 멉니다.

● 거기까지 어떻게 갑니까?

▼ 앞으로 쭉 가다보면 버스정류장이 나옵니다.
　거기서 20번 버스를 타세요.

○ 교통

 새 단어

请问	qǐngwèn	실례합니다	怎么	zěnme	어떻게
百货大楼	bǎihuòdàlóu	백화점	一直	yìzhí	곧장, 똑바로
银行	yínháng	은행	前	qián	앞, 앞쪽
旁边	pángbiān	옆	就	jiù	곧, 바로
远	yuǎn	멀다	公共汽车站	gōnggòngqìchēzhàn	버스정류장
比较	bǐjiào	비교적	路	lù	노선

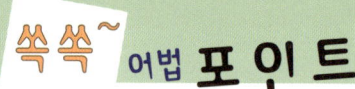
请问
qǐngwèn

말씀 좀 묻겠습니다, 실례합니다라는 뜻의 표현으로 처음 보는 사람에게 길이나 시간을 물어볼 때 많이 쓰인다.

附近 근처
fùjìn

邮局 우체국
yóujú

예 请问, 这儿附近有邮局吗?
Qǐng wèn zhèr fùjìn yǒu yóujú ma
실례합니다, 이근처에 우체국이 있습니까?

➪ 有。在银行旁边。
Yǒu. Zài yínháng pángbiān
네, 은행 옆에 있습니다.

怎么
zěnme

어떻게, 어째서라는 뜻으로 영어의 how에 해당하는 의문대명사이다. 상황이나 방법, 원인 등을 물을 때 사용된다.

天安门 천안문
Tiān'ānmén

写 쓰다
xiě

예 到天安门怎么走?
Dào Tiān'ānmén zěnme zǒu
천안문까지 어떻게 갑니까?

这个汉字怎么写?
Zhè ge Hànzì zěnme xiě
이 한자는 어떻게 씁니까?

在 / 有
zài   yǒu

둘 다 우리말로는 ~있다라는 뜻으로 해석되지만 사용상 차이가 있다.

사람·사물	在 zài	장소

学校 학교
xuéxiào

手机 핸드폰
shǒujī

예 他在学校里。
Tā zài xuéxiào li
그는 학교 안에 있습니다.

手机在桌子上。
Shǒujī zài zhuōzi shang
핸드폰이 탁자 위에 있습니다.

장소	有 yǒu	사람·사물

예 那儿有公共汽车站。
Nàr yǒu gōnggòng qìchē zhàn
저기에 버스정류장이 있습니다.

房间里有我妈妈。
Fángjiān li yǒu wǒ māma
방 안에 엄마가 계십니다.

房间 방
fángjiān

就
jiù

곧, 바로라는 뜻의 부사로 짧은 시간에 일이 이루어지는 것을 나타낸다.

예 **走五分钟就到了。**
Zǒu wǔfēnzhōng jiù dào le

5분만 걸으면 도착합니다.

他一会儿就来。
Tā yíhuìr jiù lái

그는 잠시 후에 곧 옵니다.

一会儿 잠시
yíhuìr

就~了 jiù le
는 곧 ~할것이
다라는 뜻이다.

☀ **일러스트**로 알아보는 **표현**

방향·위치

3-A

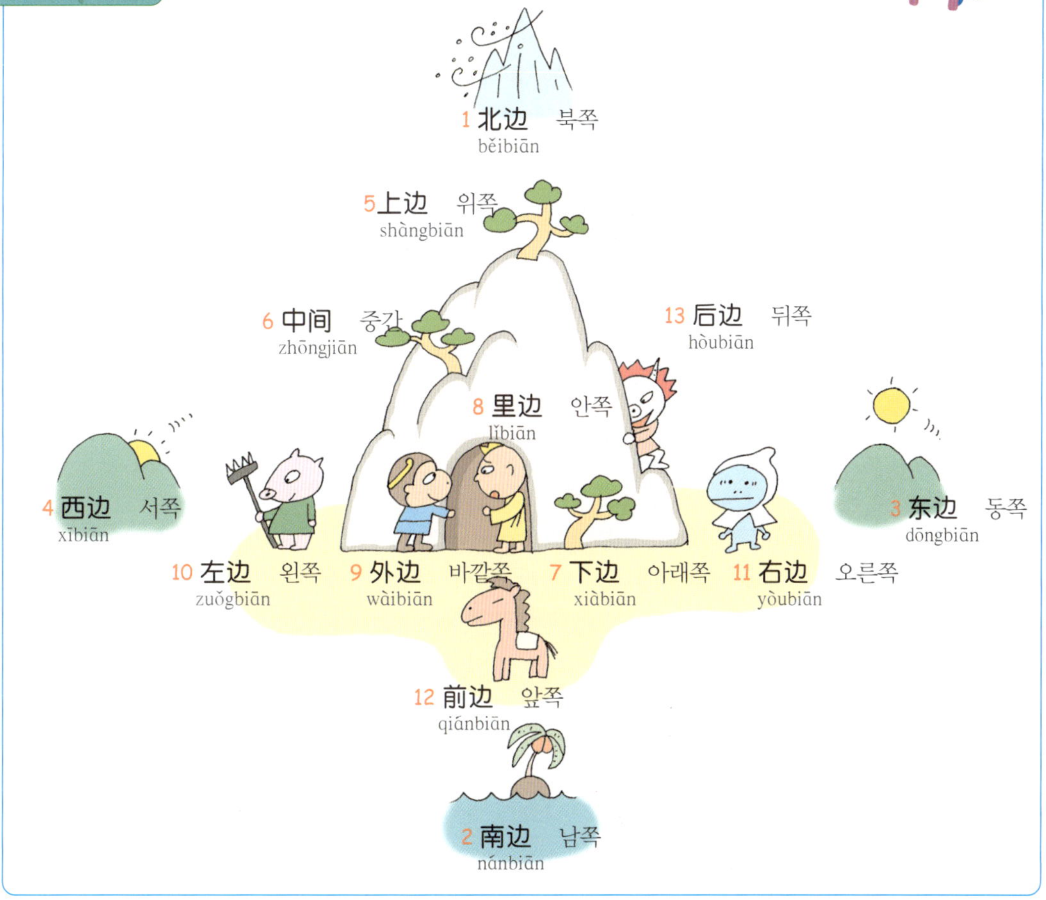

1 **北边** 북쪽
běibiān

5 **上边** 위쪽
shàngbiān

6 **中间** 중간
zhōngjiān

13 **后边** 뒤쪽
hòubiān

8 **里边** 안쪽
lǐbiān

4 **西边** 서쪽
xībiān

3 **东边** 동쪽
dōngbiān

10 **左边** 왼쪽
zuǒbiān

9 **外边** 바깥쪽
wàibiān

7 **下边** 아래쪽
xiàbiān

11 **右边** 오른쪽
yòubiān

12 **前边** 앞쪽
qiánbiān

2 **南边** 남쪽
nánbiān

다시 또 다시 될 때까지 회화연습

1

A 아래의 한어병음을 읽어보자.

1. bǐjiào   2. yìzhí   3. yínháng   4. gōnggòng qìchē

B 아래 한자의 한어병음을 각각 쓰고 읽어보자.

1. 在   2. 前   3. 怎么   4. 旁边

2

Tape를 듣고 빈 칸에 들어갈 내용과 일치하는 것을 골라보자.

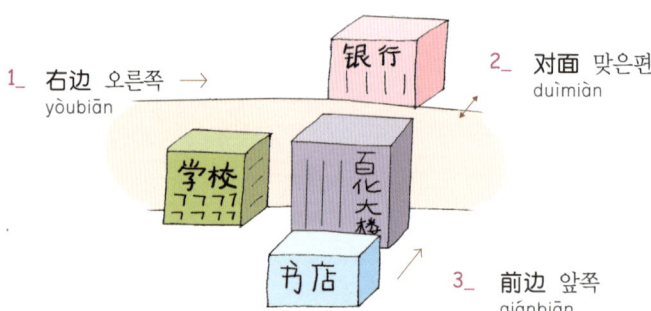

A : 百货大楼在哪儿?   Bǎihuò dàlóu zài nǎr

B :   。

1. 右边 오른쪽 →
yòubiān

2. 对面 맞은편
duìmiàn

3. 前边 앞쪽
qiánbiān

3

Tape를 듣고 보기에 있는 단어를 이용하여 대화를 완성해보자.

到, 离, 远, 往, 怎么

A :   公共汽车站   走?

B : 一直   前走。

A :   这儿   吗?

B : 不太   。

이 과에서 배운 주요 한자를 따라 써 보고 중국어로 읽어보자.

问 wèn	问	问				
묻다						

边 biān	边	边				
~쪽						

离 lí	离	离				
~로 부터, ~에서						

远 yuǎn	远	远				
멀다						

怎么 zěnme	怎么	怎么				
어떻게						

汽车 qìchē	汽车	汽车				
자동차						

정답 1. B 1_ zài 2_ qián 3_ zěnme 4_ pángbiān   2. 1_ 在学校右边。(Tape)
3. 到, 怎么, 往, 离, 远, 远

교통

◆ 자전거 自行车

가장 보편적인 교통수단으로 우리나라 자동차 번호판과 같이 각 자전거마다 고유번호를 부여받는다. 자전거 대여점인 출조자전차出租自转车 라는 간판이 붙은 곳에서 대여하여 탈 수 있다. 도시마다 요금이 조금씩 차이가 나지만 대개 일반적인 자전거는 1시간에 10元 전후이다. 빌릴 때는 담보로 보증금이나 여권이 필요하다.

◆ 버스 公共汽车

버스에는 일반 시내버스, 버스 두 대가 연결된 형태의 버스, 일종의 전차인 트롤리버스, 미니버스, 대부분 장거리를 운행하는 2층버스와 침대버스 등 다양하다. 요금은 버스의 종류와 구간에 따라 차이가 있고 버스 안내원이 있어서 승객에게 요금을 알려주고 받는다.

◆ 택시 出租车

관광객들이 이용하기에 편리한 택시는 차의 종류에 따라 요금의 차이가 나고 시내구간을 운행할 때는 미터요금을 받지만 외곽으로 나갈때는 미리 요금을 결정해야한다. 베이징 등의 북쪽지방에는 지붕에 出租츄주 라고 쓰여 있고, 광쩌우나 홍콩 등의 남쪽 지방에서는 的土더스 라고 쓰여 있다.

◆ 지하철 地铁

지하철은 베이징, 샹하이, 티앤진, 그리고 광쩌우에서만 운행되고 있다. 베이징의 지하철은 직선 노선인 동서선과 순환 노선인 환상선 등 2개의 노선으로 구성되어 있다.

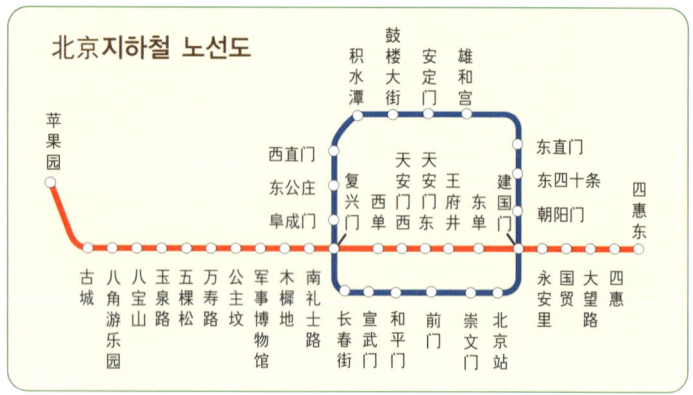

北京 지하철 노선도

◆ 기차 火车

철도대국이라 불릴만큼 거대한 철도망을 형성하고 있다. 열차의 종류로는 장거리를 운행하는 特快터콰이 와 直快즈콰이, 단거리를 운행하는 快客콰이커 등이 있고 좌석은 침대냐 의자냐, 그리고 딱딱하냐 부드럽냐에 따라 구분되며 가격 또한 다르다.

◆ 비행기 飞机

6개의 항공사가 국제선을 운행하며 각 지방마다 자체적으로 있는 항공사를 포함한 20여개의 항공사가 국내선을 운행하고 있다.

我想买一条裤子。

바지를 한 벌 사고 싶습니다.

10과

'~하고 싶다', '~할 것이다' 등의
조동사가 들어가는 문장을 배워보고
쇼핑할 때 사용하는 표현을 알아보자!

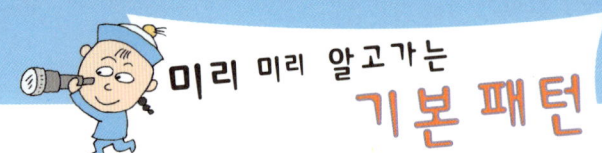
조동사 要

你 要 买 什么?
Nǐ yào mǎi shénme

당신은 무엇을 사려고 합니까?

조동사 要 yào 는 ~하려고 하다, ~하고 싶다의 뜻으로 말하는 사람의 희망이나 의지를 나타낸다. 6과에서 배운것 처럼 동사로 쓰일때는 **원하다, 필요하다**의 뜻이다.

▶ 买 mǎi 사다

➕ 조동사는 동사나 형용사 앞에서 희망·가능·의무·예정 등의 의미를 동사에 더해주는 역할을 한다. 영어의 조동사와 비슷하며 중국어에서는 **능원동사**라고 한다.

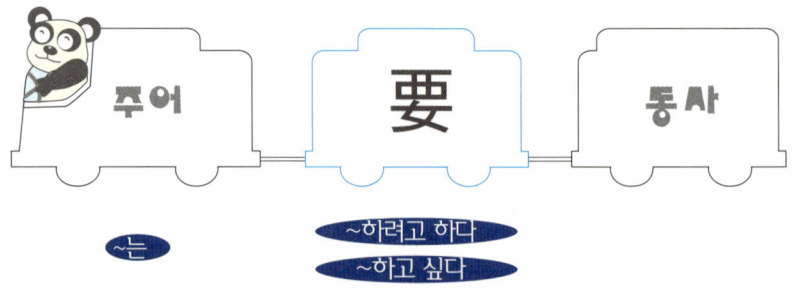

주어   要   동사

~는   ~하려고 하다 / ~하고 싶다

我要_____。
Wǒ yào
나는 _____고 싶습니다.

去中国   중국에 가다
qù Zhōngguó

看电影   영화를 보다
kàn diànyǐng

唱歌   노래하다
chàng gē

3-A

我 想 买 一 条 裤子。
Wǒ xiǎng mǎi yì tiáo kùzi

나는 바지를 한 벌 사고 **싶습니다.**

조동사 想 xiǎng 은 ~하고 싶다라는 뜻으로 **要**와 같은 의미로 쓰이지만 약간의 차이가 있다.
要는 ~할 **것이다**라는 의지가 담겨있고 **想**은 ~을 **바라다**라는 뜻의 주관적인 희망을 나타낸다.

▸ 条 tiáo ~벌
　바지를 셀 때 쓰는 양사
▸ 裤子 kùzi 바지

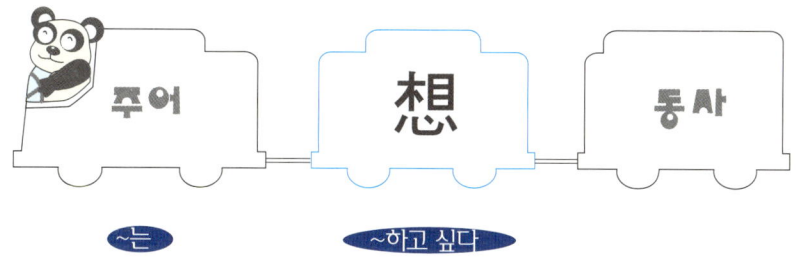

주어 | 想 | 동사

~는 　　　~하고 싶다

我想 _____ 。
Wǒ xiǎng
나는 　　　　　고 싶습니다.

吃面包　　빵을 먹다
chī miànbāo

喝绿茶　　녹차를 마시다
hē lǜchá

去公园　　공원에 가다
qù gōngyuán

조동사 **可以**

可以 试试 吗?
Kěyǐ   shìshi   ma

입어봐도 됩니까?

조동사 **可以** kěyǐ 는 ~할 수 있다라는 가능의 의미와 ~해도 된다는 허락의
의미를 나타낸다.

　✚ 조동사가 들어가는 문장 역시 의문문 만드는 방법은 다른 문장과 똑같이 문장 끝에
吗를 쓰거나 조동사의 긍정형과 부정형을 같이 써서 만든다.

▶ 试试 shìshi
　시험하다
　시험삼아 해보다

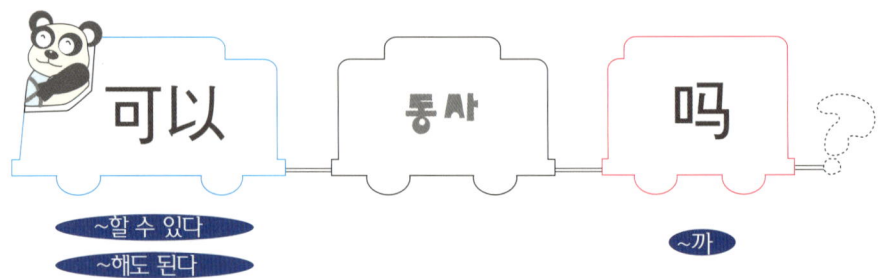

可以 | 동사 | 吗 ?

~할 수 있다
~해도 된다

~까

可以 _____ 吗?
kěyǐ   ma

　　　도 됩니까?

进去　　들어가다
jìnqù

吸烟　　담배피다
xīyān

拍照　　사진을 찍다
pāizhào

조동사 能

能 不能 便宜?
Néng bu néng piányi

싸게 할 수 있습니까?

这儿 不能 便宜。
Zhèr bù néng piányi

여기서는 싸게 할 수 없습니다.

조동사 **能 néng** 은 ~할 수 있다라는 뜻으로 가능이나 능력을 나타낸다. 조동사의 의문문은 조동사의 긍정형과 부정형을 같이 써서 만들 수 있고 부정문을 만들 때는 **조동사 앞에** 不를 붙이면 된다.

▶ 便宜 piányi 값이 싸다

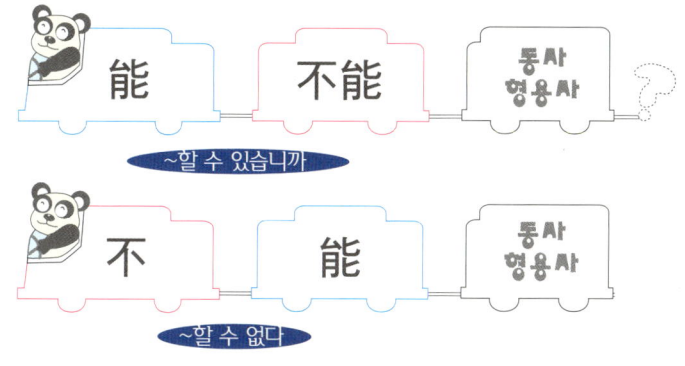

능 不能 | 동사 형용사 ?
~할 수 있습니까

不 | 能 | 동사 형용사
~할 수 없다

TAPE를 들으며 큰소리로 따라해보자!

喝酒 hējiǔ
술을 마시다

你能不能喝酒?
Nǐ néng bu néng hē jiǔ

⇨ 我不能喝酒。
Wǒ bù néng hē jiǔ

당신은 술을 마실 수 있습니까?
⇨ 저는 술을 마실 줄 모릅니다.

来 lái
오다

他能不能来?
Tā néng bu néng lái

他不能来。
Tā bù néng lái

그는 올 수 있습니까?
⇨ 그는 올 수 없습니다.

购物

我想买一条裤子。
바지를 한 벌 사고 싶습니다.

您 要 买 什么?
Nín yào mǎi shénme

我 想 买 一 条 裤子。可以 试试 吗?
Wǒ xiǎng mǎi yì tiáo kùzi　Kěyǐ shìshi ma

可以。您 试 一下 吧。
Kěyǐ nín shì yíxià ba

正 合适，不过 太 贵 了。
Zhèng héshì búguò tài guì le

能 不 能 便宜 一点儿?
Néng bu néng piányi yìdiǎnr

这儿 不 能 便宜。
Zhèr bù néng piányi

◆ 무엇을 사려고 합니까?

● 바지를 사고 싶은데, 입어볼 수 있습니까?

◆ 네, 입어보십시오.

● 딱 맞습니다. 그러나 너무 비쌉니다.
  조금 싸게 해 주실 수 있습니까?

◆ 죄송합니다, 여기서는 싸게 해드릴 수가 없습니다.

◎ 백화점

새 단어

3-A

买	mǎi	사다	正	zhèng	바로, 꼭
条	tiáo	~벌 양사	合适	héshì	알맞다
裤子	kùzi	바지	不过	búguò	그런데, 그러나
试试	shìshi	시험하다, 해보다	贵	guì	비싸다
一下	yíxià	한 번, 한 차례	便宜	piányi	싸다
吧	ba	~합시다 어기조사	一点儿	yìdiǎr	조금

试试
shìshi

시험삼아 한번 해보다라는 뜻의 동사가 두 번 중복된 표현이다. 이와 같이 동사를 두 번 중복해서 쓰면 가볍고 부담없는 동작이나 행위, 테스트 등을 의미한다. 음절이 하나일 경우는 AA의 형태를, 둘 일 경우는 ABAB의 형태를 취한다. 단, 동사 + 목적어로 이루어지는 AB의 경우, ABAB가 아니라 AAB가 된다.

尝 맛보다
cháng

休息 휴식하다
xiūxi

散步 산책하다
sànbù

> **예** 看看 좀 보다
> kànkan
>
> 尝尝 맛 좀 보다
> chángchang
>
> 休息休息 잠깐 휴식하다
> xiūxi xiūxi
>
> 散散步 산책을 좀 하다
> sànsanbù

> 단음절 동사의 경우, 试试 shìshi 과 같이 앞 부분은 자기 성조 그대로 발음하고 뒷부분은 경성으로 발음한다.

一下
yíxià

다양하게 자주 쓰이는 표현으로 본문에서는 **좀 ~해보다**라는 뜻으로 쓰였다. 이외에 **잠시, 잠깐**과 같이 짧은 시간을 나타내기도 하고 **돌연, 갑자기**라는 뜻으로 쓰이기도 한다.

介绍 소개하다
jièshào

等 기다리다
děng

> **예** 我给你介绍一下。 제가 당신에게 소개 좀 하겠습니다.
> Wǒ gěi nǐ jièshào yíxià
>
> 等一下。 잠깐 기다리세요.
> Děng yíxià

吧
ba

문장 끝에 쓰이는 어기조사로 ¹· 가벼운 명령이나 제안할 때, 상대방의 의견에 ²· 동의할 때, 그리고 가벼운 ³· 추측을 나타낼 때 쓴다.

一起 함께, 같이
yìqǐ

> **예** 我们一起走吧。 우리 같이 갑시다.
> Wǒmen yìqǐ zǒu ba
>
> 好吧, 我也去。 좋아요, 저도 갈게요.
> Hǎo ba wǒ yě qù
>
> 他还在家吧? 그가 아직 집에 있겠지요?
> Tā hái zài jiā ba

> 어기조사란 의문, 추측, 명령, 감탄 등 말하는 사람의 심정, 태도를 표현하는 조사를 말한다. 자주 쓰이는 어기조사에는 吗, 呢, 吧, 了, 的 등이 있다.

一点儿
yìdiǎnr

조금, 좀이라는 뜻의 정확하지 않은 적은 수량을 나타낸다. 문장 앞에 쓰이지 않으면 一를 생략하고 点儿만 쓸 수 있다.

예 我会说一点儿汉语。　　나는 중국어를 조금 할 수 있습니다.
Wǒ huì shuō yìdiǎnr Hànyǔ

请快点儿吧。　　조금 빨리 해주세요.
Qǐng kuài diǎnr ba

会 ~할 수 있다
huì

快 빠르다
kuài

일러스트로 알아보는 표현

주요 형용사

3-A

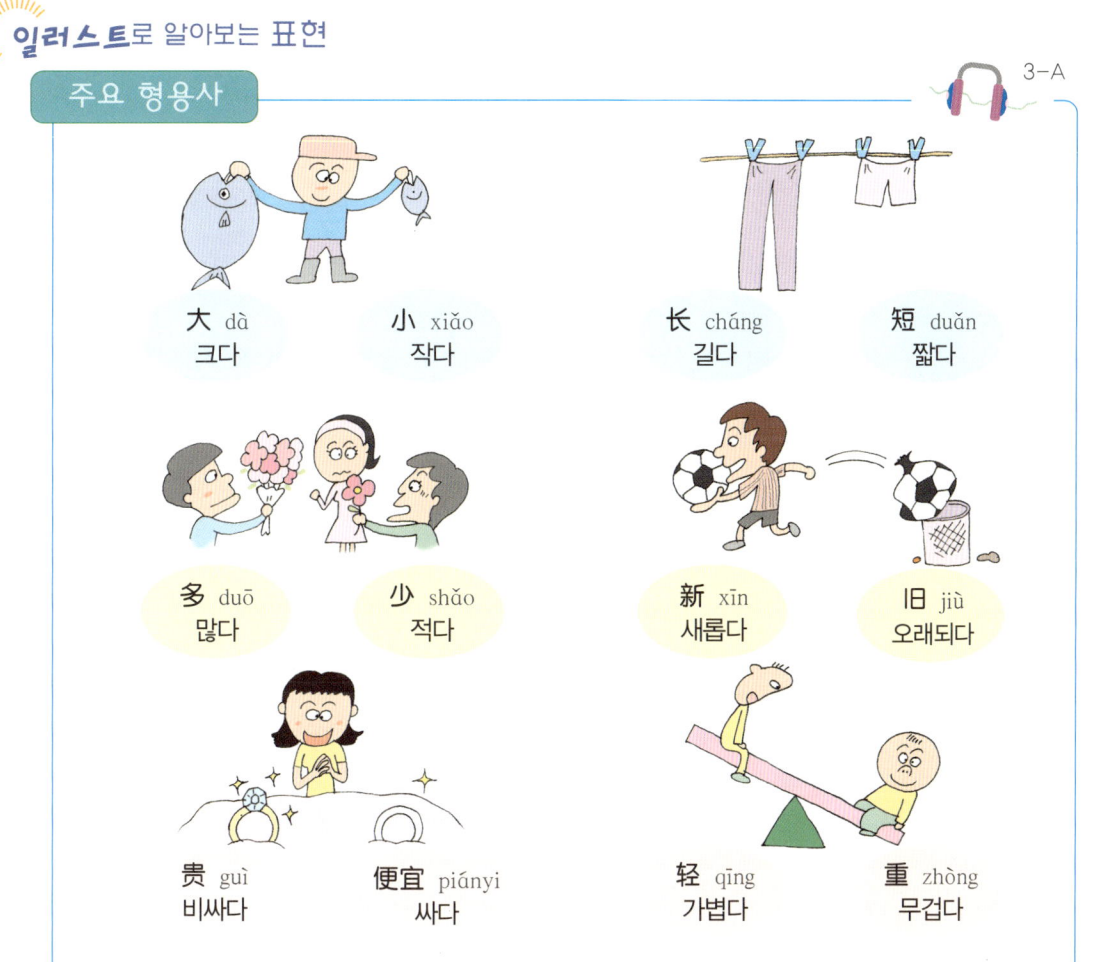

大 dà
크다

小 xiǎo
작다

长 cháng
길다

短 duǎn
짧다

多 duō
많다

少 shǎo
적다

新 xīn
새롭다

旧 jiù
오래되다

贵 guì
비싸다

便宜 piányi
싸다

轻 qīng
가볍다

重 zhòng
무겁다

 3-A

1　**A** 아래의 한어병음을 읽어보자.

1_ shìshi　　　　2_ piányi　　　　3_ búguò　　　　4_ yíxià

B 아래 한자의 한어병음을 각각 쓰고 읽어보자.

1_ 能　　　　2_ 想　　　　3_ 可以　　　　4_ 一点儿

2　Tape를 듣고 빈 칸에 들어갈 내용과 일치하는 것을 골라보자.

> A : 你想做什么?　　　　　　Nǐ xiǎng zuò shénme
>
> B :　　　　　　　　　　。　　　　▶ 做 zuò 하다

1_
去旅行　여행가다
qù lǚxíng

2_
游泳　수영하다
yóuyǒng

3_
看电视　TV보다
kàn diànshì

3　Tape를 듣고 보기에 있는 단어를 이용하여 대화를 완성해보자.

想, 要, 一下, 可以

A : 你 ⬤ 买什么?

B : 我 ⬤ 买一条裤子。

⬤ 试试吗?

A : ⬤ 。你试 ⬤ 吧。

이 과에서 배운 주요 한자를 따라 써 보고 중국어로 읽어보자.

买 mǎi	买	买				
	사다					

条 tiáo	条	条				
	~벌 바지를 셀 때 쓰는 양사					

试 shì	试	试				
	시험하다, 해보다					

合适 héshì	合适	合适				
	알맞다, 적합하다					

不过 búguò	不过	不过				
	그러나, 그런데					

一点儿 yìdiǎnr	一点儿	一点儿				
	좀, 조금					

정답 1. B 1_néng 2_xiǎng 3_kěyǐ 4_yìdiǎn 2. 1_我想去旅行。(Tape)
3. 要(or 想), 想(or 要), 可以, 可以, 一下

쇼핑 장소

◆ 우의상점 友谊商店

대도시의 호텔 주변에 위치한 외국인 전용 상점으로 중국인들도 이용하지만 대부분 외국인 이용객들이 많다. 대분분의 상품이 믿을 만하지만 일반 시중에서 살 수 있는 것보다 가격이 조금 비싸다. 중국의 특산품이 주류를 이루고 실크류, 자기류, 보석류 그리고 한방약품 등이 있다.

신용카드의 사용이 아직은 일반화되어 있지 않으며 현금만 사용해야 하는 곳이 많다.

◆ 백화점 百货大楼

베이징이나 샹하이 등의 대도시에는 대규모의 백화점이 많이 들어서고 있다. 외국자본이나 화교들의 자본으로 세워지는 경우와 국영인 곳이 있다.

중국의 국내 상품뿐만 아니라 요즘은 개방화의 영향으로 외국의 유명 브랜드 제품도 많이 들어와 있다. 대부분 상점에서 정찰제를 실시하고 있으나 어느 정도 할인이 가능한 곳도 많이 있다.

◆ 왕푸징 · 류리창 王府井 · 琉璃厂

왕푸징은 베이징에 있는 최대의 번화한 상점거리로서 우의상점을 비롯해 신화서점 등 유명한 상점을 비롯해 우의빈관과 같은 호화호텔도 자리하고 있다.

일찍이 황실의 저택이 있던 곳으로, 황실의 우물 이름을 따서 왕푸징王府井왕부정이라 불리게 되었다. 화려하고 호화스러운 상점과 빌딩이 많으며 또한 먹거리도 많아서 다양한 간식거리를 맛볼 수 있다. 류리창은 우리의 인사동과 비교할 수 있는 곳으로 골동품의 거리로 유명하다. 서화, 도장, 붓 등을 사고 싶은 사람은 한 번 들러볼 만하다.

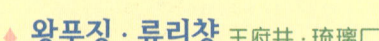

쇼핑의 종류

한약	汉药	hànyào
도장	图章	túzhāng
공예품	工艺品	gōngyìpǐn
차	茶	chá
술	酒	jiǔ

열공! 첫걸음 시리즈

완전 쉬워요~

누구나 쉽게 배우는 외국어 시리즈!

★ 4×6배판 / 192쪽 / 정가 16,500원
MP3 CD 포함

★ 4×6배판 / 232쪽 / 정가 13,400원
MP3 CD 포함 **합본부록 가나쓰기본**

★ 4×6배판 / 208쪽 / 정가 19,500원
MP3 CD

★ 4×6배판 / 208쪽 / 정가 16,500원
MP3 CD 포함
별책부록 간체자쓰기본

★ 4×6배판 / 224쪽 / 정가 21,500원
MP3 CD 포함
별책부록 광동어 발음의 모든것
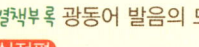
실전편
4×6배판 / 192쪽 / 정가 22,000원
MP3 CD 포함

★ 4×6배판 / 248쪽 / 정가 19,800원
MP3 CD 포함
합본부록 한국어-인도네시아어 단어장

한권으로 끝내는 외국어 시리즈~

저자 | 김혜경

덕성여자대학교 중어중문학과 졸업
중국 남경대학교 연수

주요저서 : 열공 왕초짜 중국어⟨2010⟩, 밑줄쫙 중국어첫걸음⟨2009⟩,
　　　　　뉴밀레니엄 중국어회화, 왕초짜 중국어회화, 여행 중국어

저자 김혜경
4판 2쇄 2016년 11월 1일　　발행인 김인숙　　　　발행처 (주)동인랑
Editorial Director 김인숙　　Designer 김혜경
Cover Design 김미선　　　　Illustration 박연, 유봉주
Printing 삼덕정판사

139-240
서울시 노원구 공릉동 653-5

대표전화 02-967-0700
팩시밀리 02-967-1555
출판등록 제 6-0406호
ISBN 978-89-7582-546-0

 인터넷의 세계로 오세요!
www.donginrang.co.kr webmaster@donginrang.co.kr

동인랑 에서는 참신한 외국어 원고를 모집합니다.

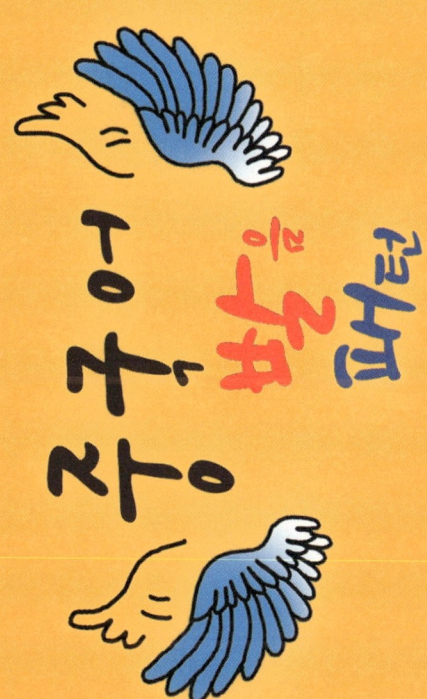

b

성모

입술을 붙였다가 떼면서 [뽀ㅏ]와 같이 발음한다. 우리말의 ㅂ, ㅃ에 해당한다.

bái
白 흰색

bā
八 여덟, 8

m

성모

입술을 다물었다가 떼면서 입김이 코로 나오면서 우리말의 ㅁ와 같이 발음한다. 우리말의 ㅁ에 해당한다.

mén
门 문

mǐ
米 쌀

p

성모

입술을 붙였다가 입김을 강하게 내뿜으면서 우리말의 ㅍ와 같이 발음한다. 우리말의 ㅍ에 해당한다.

piào
票 표

pǎo
跑 달리다

병음 성모·운모

d

성모

혀끝을 윗잇몸에 붙였다가 떼면서 때와 같이 발음한다. 우리말의 ㄷ에 해당한다.

dōng
东 동쪽

dà
大 크다

n

성모

혀끝을 윗잇몸에 붙였다가 떼며 임김을 코로 내보내면서 너와 같이 발음한다. 우리말의 ㄴ에 해당한다.

niú
牛 소

nǐ
你 너, 당신

f

성모

윗니를 아랫입술에 가볍게 갖다 대며 ㅍㅗ와 같이 발음한다. 영어의 f와 같은 닮은 발음이다.

fēng
风 바람

fàn
饭 밥

t

성모

d와 발음 방법은 같으나 임김을 강하게 내보내면서 터와 같이 발음한다. 우리말의 ㅌ에 해당한다.

tīng
听 듣다

tā
他 그

중국어 발음 파트

3

g

성모

혀뿌리를 여린 입천장(연구개)에 붙였다 떼면서 ㄲ와 같이 발음한다. 우리말의 ㄱ, ㄲ에 해당한다.

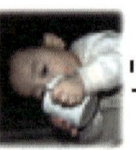

gěi
给 주다

gāo
高 높다

h

성모

혀뿌리를 여린 입천장에 댈을 듯 말 듯하게 한 후 그 사이로 숨을 내보내면서 하와 같이 발음한다. 우리말의 ㅎ에 해당한다.

hē
喝 마시다

hǎi
海 바다

l

성모

혀끝을 윗잇몸에 붙였다가 떼며 혀의 양쪽으로 입김을 내보내면서 라와 같이 발음한다. 우리말의 ㄹ에 해당한다.

liù
六 여섯, 6

lái
来 오다

k

성모

ㅇ 발음 방법은 같으나 입김을 강하게 내보내면서 카와 같이 발음한다. 우리말의 ㅋ에 해당한다.

kǒu
口 입

kāi
开 열다

q

성모

j와 발음 방법은 같으나 입김을 강하게 내보내면서 ㅊ와 같이 발음함. 우리말의 ㅊ에 해당한다.

qī
七 일곱, 7

qián
钱 돈

zh

성모

혀끝을 말아올려 입천장에 가볍게 둘렀다 떼었다 때면서 그 사이로 공기를 마찰시켜 ㅈ와 같이 발음한다.

zhè
这 이것

zhī
知 알다

j

성모

혀바닥을 굳은 입천장경구개에 가볍게 붙였다 떼면서 ㅈ와 같이 발음한다. 우리말의 ㅈ에 해당한다.

jīn
金 금

jiǔ
酒 술

x

성모

혀바닥을 경구개에 가까이 대고 그 사이로 공기를 마찰시켜 ㅅ와 같이 발음한다. 우리말의 ㅅ에 해당한다.

xī
西 서쪽

xiǎo
小 작다

주꾸어 발음패턴

5

sh

성모

ㅅ과 발음 방법은 같으나 혀끝이 입천장에 닿을 듯 말 듯한 상태에서 그 사이로 공기를 마찰시켜 ㅅ와 같이 발음한다.

shū 书 책

shǒu 手 손

z

성모

혀끝을 쭉 펴고 있나 인쪽에 붙였다가 떼면서 그 사이로 공기를 마찰시켜 ㅉ와 같이 발음한다. 우리말의 ㅉ에 해당한다.

zuò 坐 앉다

zǎo 早 아침

ch

성모

ㅊ과 발음 방법은 같으나 입김을 강하게 내보내면서 ㅊ와 같이 발음한다.

chī 吃 먹다

chá 茶 차

r

성모

ㄹ과 발음 방법은 같으나 성대를 울리면서 ㄹ와 같이 발음한다.

ròu 肉 고기

rè 热 덥다

중국어 발음

S

성모

혀끝이 윗니 안쪽에 닿을 듯 말 듯한 상태에서 그 사이로 공기를 마찰시켜 쓰와 같이 발음한다. 우리말의 ㅆ에 해당한다.

sān
三 셋, 3

sì
四 넷, 4

C

성모

ㅈ의 발음 방법은 같으나 입김을 강하게 내보내면서 ㅊ와 같이 발음한다. 우리말의 ㅊ에 해당한다.

cài
菜 음식

cǎo
草 풀

o

일반운모

입은 반쯤 벌리고 입모양을 둥글게 하여 혀의 위치는 중간 정도의 높이에서 **오어**와 같이 발음한다.

mǒ 抹 바르다

pò 破 깨다

ㅏ

일반운모

입을 작게 벌리고 입술은 양옆으로 벌리면서 **이**와 같이 발음한다.

단독으로 쓰일 경우, yī로 표기한다.

bǐ 笔 붓

yī 一 하나, 1

a

일반운모

혀의 위치는 낮게 하고 입을 크게 벌리면서 **아**와 같이 발음한다.

mā 妈 엄마

dǎ 打 치다

e

일반운모

입은 반쯤 벌리고 혀의 위치는 중간 정도의 높이에서 **으어**와 같이 발음한다.

è 饿 배고프다

gē 歌 노래

일반운모

입술을 오므리고 앞으로 내밀면서 위아래로 같이 발음한다. 이때, 입술이 움직이면 안된다.
단독으로 쓰일 경우, yu로 표기한다.

yú
鱼 물고기

nǚ
女 여자

일반운모

입을 작게 벌리고 입술을 둥글게 오므리면서 우위로 같이 발음한다.
단독으로 쓰일 경우, wu로 표기한다.

wǔ
五 다섯, 5

lù
路 길

일반운모

ao는 a에 강세를 두고 ㅗ는 가볍게 붙여 아오와 같이 발음한다.
ou는 o에 강세를 두고 u는 가볍게 붙여 오우와 같이 발음한다.

zǒu
走 걷다

lǎo
老 늙다

일반운모

ai는 a에 강세를 두고 ㅣ는 가볍게 붙여 아이와 같이 발음한다.
ei는 에이와 같이 발음한다. 이때, e는 여기 아니고 에로 발음된다.

fēi
飞 날다

mǎi
买 사다

일반운모

eng은 e를 발음하다가 끝소리 ng가 붙어 앙과 같이 발음한다.

lěng 冷 춥다

ang은 a를 발음하다가 끝소리 ng을 붙여 앙과 같이 발음한다.

cháng 长 길다

결합운모

ie는 이에[예]와 같이 발음한다. e는 여기서 아니고 에로 발음된다.

yè 夜 밤

ia는 a에 강세를 두고 이아[야]와 같이 발음한다.

jiā 家 집

일반운모

en은 e를 발음하다가 끝소리 n을 붙여 언과 같이 발음한다.

rén 人 사람

an은 a를 발음하다가 끝소리 n을 붙여 언과 같이 발음한다.

kàn 看 보다

일반운모

er은 e를 발음하다가 혀끝을 말아올리면서 얼과 같이 발음한다.

èr 二 둘, 2

ong은 o를 발음하다가 끝소리 ng을 붙여 옹과 같이 발음한다.

hóng 红 붉다

중국어 발음 패턴

ian / iang

결합운모

iang은 a에 강세를 두고 이앙[ㅑㅇ]과 같이 발음한다.

jiāng 江 강

ian은 이안이라고 발음하지 않고 이앤과 같이 발음한다.

tiān 天 하늘

iong / ua

결합운모

ua는 a에 강세를 두고 우아[와]와 같이 발음한다.

huā 花 꽃

iong은 i를 발음하다가 옹과 융의 ong을 붙여 융을 중간음을 낸다.

xiōng 兄 형

iao / iou

결합운모

iao는 a에 강세를 두고 이아오[이아오]와 같이 발음한다.

qiáo 桥 다리

iou는 이오우[요우]와 같이 발음한다. 앞에 성모가 오면 -iu로 표기한다.

jiǔ 九 아홉, 9

in / ing

결합운모

ing은 i를 발음하다가 잉과 같이 ng을 붙여 발음한다.

píng 瓶 병

in는 i를 발음하다가 인과 같이 n을 붙여 발음한다.

xīn 新 새롭다

중국어 발음 마스터

11

uei / uan

uan

결합운모

uan은 a에 강세를 두고 우안[와언]과 같이 발음한다.

chuán
船 배

uei

uei는 우에이[웨이]와 같이 발음한다. 앞에 성모가 오면 -ui로 표기한다.

shuǐ
水 물

ueng / üan

üan

결합운모

üan은 위안이라고 발음하지 않고 위엔과 같이 발음한다.

yuǎn
远 멀다

ueng

결합운모

ueng은 우엉[웡]과 같이 발음한다. 단독으로 음절을 이룬다.

wēng
翁 노인

uo / uai

uo

결합운모

uo는 o에 강세를 두고 우오[워]와 같이 발음한다.

duō
多 많다

uai

uai는 a에 강세를 두고 우아이[와이]와 같이 발음한다.

kuài
快 빠르다

uang / uen

uen

결합운모

uen은 우언[원]과 같이 발음한다. 앞에 성모가 오면 -un으로 표기한다.

chūn
春 봄

uang

결합운모

uang은 a에 강세를 두고 우앙[왕]과 같이 발음한다.

huáng
黄 노란색

미리
경험
하기

기초부터

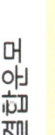

결합운

ün
üe

üe는 위에여 같이 발음한다. 운는 여가 아니고 에로 발음된다.

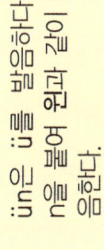

xuě
흰 눈

ün은 ü를 발음하다가 ㄴ을 붙여 ün과 같이 발음한다.

yún
云 구름

안녕하세요!

▶ 40P

你好 nǐ hǎo 는 가장 일반적인 인사말로, 우리말의 안녕하세요, 에 해당하며 처음 만난 사람이나 친한 사람 사이에 모두 쓸 수 있다.

○ 중국어의 기본 패턴은 주어 + 술어의 순서이다.
형용사가 술어로 쓰인 문장을 형용사 술어문이라고 한다.

안녕하십니까?

▶ 41P

의문문을 만들 때는 가장 일반적인 방법으로 평서문 끝에 우리말의 ~까?에 해당하는 의문조사 吗 ma 를 붙이면 된다. 你好吗 nǐ hǎo ma 는 잘 지내십니까?라는 뜻이 이미 아는 사이에 안부를 묻는 말로 처음 만난 사람에게는 쓰지 않는다.

○ 의문문 1 - 주어 + 술어(형용사) + 吗?

1과 01 긍정문

주어 + 형용사

你 好!
Nǐ hǎo

1과 02 의문문 1

주어 + 형용사

你 好 吗?
Nǐ hǎo ma

중국어 왕초보 패턴

1과 03 의문문 2

주어 + 형용사

你 忙 不 忙?
Nǐ máng bu máng

당신은 바쁩니까?

▲ 42P

의문문을 만드는 또 다른 방법으로 술어로 쓰인 형용사의 긍정형과 부정형을 같이 써서 만드는데 이때, 의문조사 吗는 쓰지 않는다.

◎ 의문문 2 - 주어 + 긍정(형용사) + 부정(不) + 형용사?
이와 같은 의문문을 반복의문문이라고 한다.

1과 04 부정문

주어 + 형용사

我 不 忙。
Wǒ bù máng

나는 바쁘지 않습니다.

▲ 43P

형용사 앞에 부정의 뜻을 나타내는 不 bù 를 넣어서 ~하지 않다라는 뜻의 부정문을 만든다.

◎ 부정문 - 주어 + 不 + 형용사

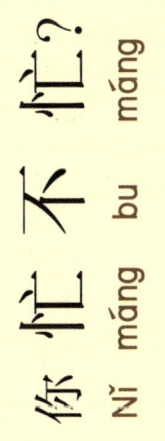

숙어가 되는 파트

2과 O1
평서문 1

주어 + 동사

我 叫 小英。
Wǒ jiào Xiǎoyīng

▲ 52P

저는 시아오잉이라고 합니다.

叫 jiào 는 사람이나 사물의 이름을 말할 때 ~라고 하다라는 뜻의 동사이다. 주어 + 동사의 순으로 쓰며 동사는 주어의 인칭이나 시제, 단·복수에 따라 변하지 않는다.

○ 동작을 나타내는 말을 동사라고 하고 동사가 술어로 쓰인 문장을 동사 술어문이라고 한다.

2과 O2
평서문 2

주어 + 동사

我 认识 你。
Wǒ rènshi Nǐ

▲ 53P

나는 당신을 압니다.

认识 rènshi 는 알다라는 뜻의 동사이다. 동사가 ~를·을에 해당하는 목적어를 갖게 되면 주어 + 동사 + 목적어의 순서가 된다.

○ 평서문 – 주어 + 술어 + 빈어(목적어)
중국어에서는 목적어를 빈어라고 한다.

당신의 이름은 무엇입니까?

▲ 54P

상대방의 이름을 물어보는 표현이다.
什么 shénme 는 무엇이라는 뜻의 의문대명사로, 뒤에 명사가 오면 그 말을 꾸며주어 어떤, 무슨 이라는 뜻이 된다.

○ 누가, 언제, 어디 등과 같은 말을 의문대명사라 해며 물고자 하는 부분에 이 의문사를 넣어서 물어보면 된다.

많이 보살펴 주십시오.

▲ 55P

처음 만난 사이에게 잘 부탁드립니다라는 뜻의 인사말이다.
请 qǐng 은 문장의 맨 앞에서 ~하세요 ~하십시오라는 뜻으로 부탁, 의뢰, 권고, 제안 등을 나타낸다.

○ 请＋동사 : ~하세요, ~하십시오

2과 03 의문문

주어 + 동사

你 叫 什么 名字?
Nǐ jiào shénme míngzi

2과 04 명령문

주어 + 동사

请 多多 关照。
Qǐng duōduō guānzhào

이것은 사전입니다.

▲ 64P

동사 是 shì 는 ~이다의 뜻으로 영어의 be동사에 해당한다. 그러나, be동사처럼 주어의 인칭이나 단·복수, 시제에 따라 변하지 않는다.

● 这 + 是 + 명사 : 이것은 ~이다 (= This is~).
● 那 + 是 + 명사 : 저것은 ~이다 (= That is~).

저것은 중국어사전이 아닙니다.

▲ 65P

부정문을 만들 때는 동사 앞에 부정의 뜻을 나타내는 不 bù 를 넣으면 된다. 따라서 是 의 부정은 不是 búshì ~가 아니다 이다.

● 부정문 - 주어 + 不 + 是 + 명사

3과 01
평서문

是가 들어가는 문장

这 是 词典。
Zhè shì cídiǎn

3과 02
부정문

是가 들어가는 문장

那 不 是 汉语词典。
Nà bú shì Hànyǔ cídiǎn

이것은 무엇입니까?

이것은 무슨 사전입니까?

▲ 66P

什么 shénme 는 무엇이라는 뜻의 의문대명사로, 뒤에 명사가 오면 그 말을 꾸며주기도 하는데 이때는 어떤, 무슨이라는 뜻이 된다.

● 什么 + 명사 : 무슨 · 어떤 ___
● 什么 : 무엇

저것은 중국어 사전입니까?

▲ 67P

의문문을 만들 때는 첫번째 문장과 같이 吗 ma ~까? 를 쓰는 방법과 두번째 문장과 같이 긍정 + 부정의 반복의문문으로 물어보는 방법이 있다.

◆ 의문문 1 - 주어 + 是 + 명사 + 吗?
◆ 의문문 2 - 주어 + 是 + 不是 + 명사?

중국어 첫걸음 파트

3과 03
의문문 1

是가 들어가는 문장

这 是 什么?
Zhè shì shénme

这 是 什么 词典?
Zhè shì shénme cídiǎn

3과 04
의문문 2

是가 들어가는 문장

那 是 汉语 词典 吗?
Nà shì Hànyǔ cídiǎn ma

那 是 不是 汉语 词典?
Nà shì bu shì Hànyǔ cídiǎn

당신은 중국사람입니까?

가장 일반적인 의문문으로 평서문의 끝에 우리말의 ~까?에 해당하는 吗 ma 를 붙이면 된다. 읽을 때 끝을 약간 올려서 읽어준다.

● 吗를 사용하는 의문문 - 주어 + 술어 + 吗?

▲ 76P

당신은 어느 나라 사람입니까?

▲ 7P

누구, 무엇, 어디 등의 의문대명사를 사용하여 물어보는 문으로 이때, 문장 끝에 의문조사 吗는 쓰지 않는다.

● 의문대명사의 위치는 질문하는 사람이 묻고자 하는 부분에 놓으면 된다.

4과 01 의문문 1
吗를 사용하는 의문문

你 是 中国 人 吗?
Nǐ shì Zhōngguórén ma

4과 02 의문문 2
의문사를 사용하는 의문문

你 是 哪 国 人?
Nǐ shì Nǎ guó rén

중국어 왕초보 패턴

반복의문문

4과 03
의문문 3

你 是 不 是 韩国人?
Nǐ shì bu shì Hánguórén

당신은 한국사람 입니까, 아닙니까?

▲ 78P

술어(형용사 or 동사)의 긍정형과 부정형을 긍정 + 부정의 순서로 나열하여 의문문을 만들 수 있는데 이러한 의문문을 반복의문문이라고 한다.

● 반복의문문 – 주어 + 긍정 + 부정(不~)?
반복의문문에서 不 bu 는 경성으로 발음한다.

선택의문문

4과 04
의문문 4

他 是 中国人 还是 韩国人?
Tā shì Zhōngguórén háishi Hánguórén

그는 중국사람입니까, 아니면 한국사람입니까?

▲ 79P

답이 될 수 있는 2개의 상황 중 하나를 선택하게 할 때 접속사 还是 háishi 로 연결하여 의문문을 만든다. 이러한 의문문을 선택의문문이라고 한다.

● 선택의문문 – A + 还是 + B?

우리집은 네 명의 식구가 있습니다.

동사 有 yǒu 는 ~이 있다라는 뜻으로 존재나 소유의 의미를 나타내며, 주어의 인칭이나 단·복수, 시제에 따라서 변하지 않는다.

○ 주어 + 有 + 명사 : ~는 ~이 있다
口 kǒu 는 ~식구라는 뜻의 식구 수를 셀 때 쓰는 양사이다.

▲ 88P

5과 01
평서문
有가 들어가는 문장

我家 有 四 口 人。
Wǒ jiā yǒu sì kǒu rén

나는 형제가 없습니다.

有 앞에 부정의 뜻을 나타내는 没 méi 를 넣어서 ~이 없다 라는 뜻의 부정문을 만든다. 不有라고 하지 않는 점을 꼭 기억하자!

○ 부정문 - 주어 + 没 + 有 + 명사

▲ 89P

5과 02
부정문
有가 들어가는 문장

我 没 有 兄弟。
Wǒ méi yǒu xiōngdì

5과 03 의문문 1

有가 들어가는 문장

你家 有 几 口 人?
Nǐ jiā yǒu jǐ kǒu rén

▲ 90P

당신 집은 몇 식구가 있습니까?

几 jǐ는 몇, 얼마라는 뜻의 수량을 묻는 의문대명사로, 100 이하의 적은 수를 물을 때 사용한다.

❂ 주어 + 有 + 几 + 양사 + 명사 : ~는 몇 명(개)의 ~가 있습니까?
사람이나 사물의 수를 셀 때 쓰는 단위를 양사라고 한다.

5과 04 의문문 2

有가 들어가는 문장

你 有 弟弟 吗?
Nǐ yǒu dìdi ma

你 有 没有 弟弟?
Nǐ yǒu méiyǒu dìdi

▲ 91P

당신은 남동생이 있습니까?

문장 끝에 우리말의 ~까?에 해당하는 吗를 써서 물어볼 수도 있고 긍정 + 부정의 반복의문문으로 물어볼 수도 있다.

❂ 의문 1 – 주어 + 有 + 명사 + 吗?
의문 2 – 주어 + 有 + 没有 + 명사?

6과 01 여러 양사

양사 个

我 要 一 个 汉堡。
Wǒ yào yí ge hànbǎo

햄버거 한 개를 주십시오.

▲ 100P

个 ge 는 ~개, ~명의 뜻으로 사람이나 사물을 셀 때 보편적으로 가장 많이 쓰이는 양사이다.

☆ 양사는 우리말의 ~명, ~개와 같이 사람이나 사물의 수를 세는 단위를 말한다. 숫자 + 양사 + 명사의 순서로 쓴다.

6과 02 여러 양사

양사 杯

我 要 两 杯 可乐。
Wǒ yào liǎng bēi kělè

콜라 두 잔을 주십시오.

▲ 101P

杯 bēi 는 물이나 커피, 술과 같은 액체를 ~잔, ~컵으로 나타낼 때 쓰는 양사이다. ~병으로 말할 때는 瓶 píng 을 쓴다.

☆ 숫자 + 杯(瓶) + 명사: ＿＿＿ 잔(병)
수량이 둘일 경우, 양사 앞에는 二 èr 은 쓸 수 없고 两 liǎng 을 쓴다.

피자 한 조각 더 주세요.

▲ 102P

片 piàn 은 ~조각이라는 뜻의 양사로 얇고 작은 사물이나 작게 잘라진 부분을 셀 때 쓰인다.

○ 책을 셀 때 : 本 běn ~권   옷을 셀 때 : 件 jiàn ~벌
   동물을 셀 때 : 只 zhī ~마리
   종이 같이 얇고 평평한 것을 셀 때 : 张 zhāng ~장

6과 03 여러 양사

기타 양사

还 要 一 片 比萨饼。
Hái yào yí piàn bǐsàbǐng

모두 27위엔 8마오입니다.

▲ 103P

중국 화폐의 기본 단위는 元 yuán, 角 jiǎo, 分 fēn 이다.
일상대화에서는 元 대신 块 kuài, 角 대신 毛 máo 를 사용하며 마지막 화폐단위는 생략해서 말할 수 있고 또한 세 단위 중 하나만 쓸 때는 문장 끝에 钱 qián 을 붙여 말한다.

○ 1元(块) = 10角(毛) = 100分 : 1위엔 = 10지아오 = 100펀

6과 04 여러 양사

화폐단위

一共 二十七 块 八。
Yígòng èrshí qī kuài bā

중국어 패턴

오늘은 8월 10일입니다.

▲ 112P

명사가 술어처럼 ~이다라는 뜻으로 쓰일 수 있는데 주로 날짜, 시간, 나이, 가격 등을 나타내는 문장에 많이 쓰인다. 날짜를 말할 때는 숫자 뒤에 月 yuè, 号 hào 를 붙이면 된다.

◎ 주어 + 명사(술어) : 명사 술어문

날짜 - 1~12 + 月 + 1~31 + 号(日) : _월 _일

7과 01 평서문 · 주어 + 명사

今天 八月 十 号。
Jīntiān bā yuè shí hào

내일은 목요일이 아닙니다.

▲ 113P

부정의 뜻을 나타낼 때는 명사 앞에 ~이 아니다라는 뜻의 不是 búshì 를 넣는다.

◎ 부정문 - 주어 + 不是 + 명사

요일을 말할 때는 월요일~토요일까지는 星期 + 一~六, 일요일은 星期天(日) 이라고 한다.

7과 02 부정문 · 주어 + 명사

明天 不是 星期四。
Míngtiān búshì xīngqīsì

오늘은 몇 월 며칠입니까?

오늘은 무슨 요일입니까?

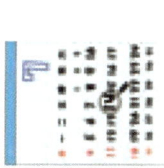

날짜를 물을 때는 몇, 얼마 라는 뜻의 几 jǐ 를 月 월, 号 일 앞에 붙이고 요일을 물어 볼 때는 星期 뒤에 几를 붙인다.

◎ 날짜를 물을 때 - 几 + 月 + 几 + 号?
　요일을 물을 때 - 星期 + 几?

내일은 목요일입니까?

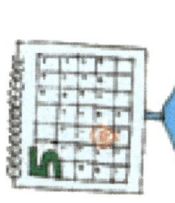

평서문의 문장 끝에 우리말의 ~까?에 해당하는 吗 ma 를 쓰면 된다. 명사 앞에 是 shì 를 넣어도 된다.

◎ 의문문 - 주어 + (是) + 명사(술어) + 吗?

7과 03
의문문 1

주어 + 명사

今天 几 月 几 号?
Jīntiān jǐ yuè jǐ hào

今天 星期 几?
Jīntiān xīngqī jǐ

7과 04
의문문 2

주어 + 명사

明天 星期四 吗?
Míngtiān xīngqīsì ma

중국어 포메트

27

시간의 표현

现在 十二 点 半。
Xiànzài shí'èr diǎn bàn

지금 12시 30분입니다.

▲ 124P

시간을 말할 때는 숫자 뒤에 ~시를 나타내는 양사 点 diǎn, ~분을 나타내는 양사 分 fēn 을 붙이면 된다. 또한 우리말에서 30분을 받이라고 말하는 것처럼 중국어에서도 三十分 sān shífēn 또는 半 bàn 이라고 한다.

◎ 시간 - 시+点+분+分 : _시_분

시간의 표현

我 一 点 一 刻 上课。
Wǒ yī diǎn yī kè shàngkè

나는 1시 15분에 수업을 합니다.

▲ 125P

시간을 나타내는 명사는 문장안에서 주어, 술어, 관형어, 부사어로 쓰일 수 있다.
시간 명사가 술어를 보충 설명하고 수식하는 부사어로 쓰일 경우, 주어 뒤·술어 앞에 올 수도 있고 주어 앞에 올 수도 있다.

◎ 15분을 뜻하는 刻 kè 를 써서 15분은 一刻, 45분은 三刻이라고 한다.

중국어 말하는 패턴

29

당신은 몇 시에 수업을 합니까?

▲ 126P

몇 시라고 물을 때 몇, 얼마라는 뜻이 几 jǐ 를 ~시를 나타내는 양사 点 앞에 붙인다. 따라서 시간을 물을 때 现在几点 Xiànzài jǐ diǎn? 지금 몇 시입니까? 라고 한다.

◎ 의문문 - 주어 + 几点 + 술어? : ~는 몇 시에 ~합니까?
대답할 때도 해당하는 시간을 그 자리에 그대로 써주면 된다.

시간의 표현

8과 Q3
의문문 1

你 几 点 上课?
Nǐ jǐ diǎn shàngkè

당신은 언제 점심을 먹습니까?

▲ 127P

什么时候 shénme shíhou 는 언제라는 뜻으로 때나 시간을 물어볼 때 쓰는 의문대명사이다. 주어 앞에 올 수도 있고 주어 뒤·술어 앞에 올 수도 있다.

◎ 의문문 - 주어 + 什么时候 + 술어? : ~는 언제 ~합니까?
什么时候 + 주어 + 술어?

시간의 표현

8과 Q4
의문문 2

你 什么时候 吃 午饭?
Nǐ shénme shíhou chī wǔfàn

9과 01
전치사 1

在 : ~에서 , ~에 있다

백화점은 어디에 있습니까?

저기에서 차를 타세요.

▲ 136P

百货大楼 在 哪儿?
Bǎihuò dàlóu zài nǎr

在 那儿 坐 车。
Zài nàr zuò chē

在 zài 는 동사로 쓰일 때는 ~에 있다라는 뜻이다. 뒤에 장소를 나타내는 말이 오고 개사로 쓰일 때는 ~에서라는 뜻이 된다.

◆ '있다'라는 뜻의 有의 순와 有의 비교
在 - 사람·사물 + 在 + 장소 : ~가 ~에 있다
有 - 장소 + 有 + 사람·사물 : ~에 ~가 있다

9과 02
전치사 2

离 : ~부터, ~까지

여기에서 멀다.

▲ 137P

离 这儿 远。
Lí zhèr yuǎn

개사 离 lí 는 공간이나 시간의 거리를 나타내며 그 기준이 되는 장소 앞에서는 ~에서부터, 시간 앞에서는 ~까지라는 의미로 쓰인다.

◆ 개사는 영어의 전치사와 비슷한 것으로 명사와 함께 술어 앞에서 시간, 장소, 방향, 원인, 수단 등을 나타낸다.

거기 까지 어떻게 갑니까?

개사 到 dào 는 ~까지라는 뜻으로 장소나 시간이 이르는 곳을 나타낸다.
동사로 쓰일 때는 도착하다, ~에 이르다라는 뜻이 된다.
○ 개사 + 명사 + 술어 : 시간, 장소, 방향, 원인, 수단, 대상, 비교 등

9과 03 전치사 3
到 : ~까지

到 那儿 怎么 走?
Dào nàr zěnme zǒu

곧장 앞으로 가세요.

개사 往 wǎng 은 ~를 향해, ~쪽으로라는 말하고자 하는 방향을 나타낸다.
○ 자주 쓰이는 개사(전치사)로는 给 gěi : ~에게, 对 duì : ~에 대하여, 为 wèi : ~을 위하여, ~때문에 등이 있다.
从 cóng : ~로 부터,

9과 04 전치사 4
往 : ~쪽으로

一直 往 前 走。
Yìzhí wǎng qián zǒu

중국어 발음마스터

주 중국어 빵는 패턴

10과 01 조동사 1

要 : ~하려고 하다

你 要 买 什么?
Nǐ yào mǎi shénme

▲ 148P

당신은 무엇을 사려고 합니까?

조동사 要 yào 는 ~하려고 하다, ~하고 싶다의 뜻으로 말하는 사람의 희망이나 의지를 나타낸다. 동사로 쓰일때는 원하다, 필요하다의 뜻이다.

◎ 조동사는 동사나 형용사 앞에서 희망·가능·의무·예정 등의 의미를 나타낸다. 영어의 조동사와 비슷하며 중국어에서는 능원동사라고 한다.

10과 02 조동사 2

想 : ~하고 싶다

我 想 买 一 条 裤子。
Wǒ xiǎng mǎi yì tiáo kùzi

▲ 149P

나는 바지를 하나 사고 싶습니다.

조동사 想 xiǎng 은 ~하고 싶다라는 뜻으로 要와 같은 의미로 쓰이지만 약간의 차이가 있다.

◎ 要는 ~을 할것이다라는 의지가 담겨있고 想은 ~을 바라다라는 뜻의 주관적인 바램이나 희망을 나타낸다.

▲ 150P

입어봐도 됩니까?

조동사 可以 kěyǐ 는 ~할 수 있다라는 가능의 의미와 ~해도 된다는 허락의 의미를 나타낸다.

○ 의문문 - 可以 + 동사 + 吗?
- 可 (以) + 不可以 + 동사?

1O과 O3
조동사 3

可以 : ~해도 된다

可以 试试 吗?
Kěyǐ shìshi ma

▲ 151P

싸게 할 수 있습니까?
여기서는 싸게 할 수 없습니다.

조동사 能 néng 은 ~할 수 있다라는 뜻으로 가능이나 능력을 나타낸다.

○ 의문문은 긍정 (能)+ 부정 (不能) 의 형태로 만들 수 있고
부정문은 不 + 조동사 (能) 의 형태로 만든다.

1O과 O4
조동사 4

能 : ~할 수 있다

能 不能 便宜?
Néng bu néng piányi

这儿 不能 便宜。
Zhèr bù néng piányi

발행처 (주)동인랑

발행인 김인숙
Designer 김혜경 · 김소아
Illustration 박연 · 김소아

저자 김혜경
1판 1쇄 2015년 8월 1일
Editorial Director 김인숙 · 김혜경
Cover Design 김소아
Printing 삼덕정판사

139-240
서울시 노원구 공릉동 653-5

대표전화 02-967-0700
팩시밀리 02-967-1555
출판등록 제 6-0406호
ISBN 978-89-7582-547-7

인터넷의 세계로 오세요!
www.donginrang.co.kr

동인랑에서는 참신한 외국어 원고를 모집합니다. e-mail : webmaster@donginrang.co.kr